汽车构造核心课程
汽车发动机构造

主　编　福建省职业院校汽车专业教研团队

华中科技大学出版社
http://www.hustp.com
中国·武汉

图书在版编目(CIP)数据

　　汽车构造核心课程.汽车发动机构造/福建省职业院校汽车专业教研团队主编.—武汉:华中科技大学出版社,2021.12
　　ISBN 978-7-5680-7815-3

　　Ⅰ.①汽… Ⅱ.①福… Ⅲ.①汽车-构造-高等职业教育-教材 ②汽车-发动机-构造-高等职业教育-教材 Ⅳ.①U463

中国版本图书馆 CIP 数据核字(2021)第 267243 号

汽车构造核心课程——汽车发动机构造　　　福建省职业院校汽车专业教研团队　主编
Qiche Gouzao Hexin Kecheng——Qiche Fadongji Gouzao

策划编辑:	王红梅
责任编辑:	陈元玉
封面设计:	原色设计
责任监印:	周治超
出版发行:	华中科技大学出版社(中国·武汉)　　电话:(027)81321913
	武汉市东湖新技术开发区华工科技园　　邮编:430223
录　　排:	华中科技大学惠友文印中心
印　　刷:	武汉市籍缘印刷厂
开　　本:	787mm×1092mm　1/16
印　　张:	13.75
字　　数:	327 千字
版　　次:	2021 年 12 月第 1 版第 1 次印刷
定　　价:	45.80 元

本书若有印装质量问题,请向出版社营销中心调换
全国免费服务热线:400-6679-118　竭诚为您服务
版权所有　侵权必究

前　　言

一、关于2019版大纲

福建省2018年6月进行中等职业学校学业水平考试试点，2019年6月正式进行中等职业学校学业水平考试，考前公布了"汽车构造"课程考试大纲，其包括三部分内容：机械基础、汽车发动机构造和汽车底盘构造。其中，机械基础部分有8个知识点，汽车发动机构造部分有18个知识点，汽车底盘构造部分有19个知识点。

根据教学标准中的"汽车构造"专业核心课程，内容包括汽车发动机构造、汽车底盘构造、汽车电气构造、汽车电控系统等，学业水平考试"汽车构造"课程的考核内容应该围绕这些汽车构造方面的专业知识点及技能来进行。但在2019年的"汽车构造"课程考试大纲内容中，缺少有关汽车电气设备构造、汽车电控系统方面的内容，而多了一项非汽车构造类的、非专业核心的、内容与考试名称不符的专业基础知识——机械基础。

机械基础部分的8个知识点中的凸轮机构的组成、特点、分类及应用，在汽车发动机构造部分的配气机构系统气门驱动中已部分涉及；带传动和链传动的类型、组成及应用特点，在汽车发动机构造部分的配气机构系统配气正时机构中已涵盖；齿轮传动的类型、组成、结构及应用特点，齿轮传动比的计算，在汽车底盘构造部分的变速器中已具体涵盖；蜗杆传动的特点及应用，在汽车底盘构造部分的转向系统中亦有表述；轮系的类型与应用、定轴轮系的传动比计算在汽车底盘构造部分的传动系统、悬挂系统中均有；而键连接的类型和应用特点在汽车发动机构造和汽车底盘构造部分无处不在。

既然不是专业核心课程，又与考核名称违背，其内容在"汽车构造"专业核心课程中已涵盖或涉及，因此大纲中的机械基础方面的内容应该删除。

二、关于2020年版大纲

在2020年修订的"汽车构造"课程考试大纲中，删除了机械基础方面的内容，还增加了汽车电气设备构造方面的内容。2020年修订的大纲中，汽车发动机构造部分有19个知识点，汽车底盘构造部分有20个知识点，汽车电气设备构造部分有11个知识点，共50个知识点。

"汽车电气设备构造"是汽车专业的核心课程，涉及专业核心电学部分的内容。考核这部分内容，也是为了适应汽车专业机电一体化实际应用的需要。内容中除了考核汽车电气设备中电源系统和起动系统部分外，还增加了"掌握万用表的使用"这一电学基础内容，以及"电控独立点火系的组成和工作原理""了解暖风、空调系统各部件的组成、结构和作用"这两部分核心内容。

汽车发动机构造和汽车底盘构造中增加了部分系统或总成的工作原理内容。汽车发动机构造还增加了"掌握电控歧管喷射汽油发动机燃油系统的功用、组成和工作原理""理解电控汽油发动机燃油系统主要零部件的作用""理解进/排气系统的组成、主要零部件的功用"这三部分核心内容。汽车底盘构造还增加了"理解普通手动齿轮变速器的变速传动原理及传动比的计算"和"理解主减速器和差速器的组成、构造、功用及其工作原理"两部分核心内容。将原来的"动力转向操纵机构的作用和组成"和"制动系的功用、组成和分类"明确为"液压动力转向操纵机构的作用和组成"和"液压制动系的功用、组成和分类"。

相对于旧的考试内容,新大纲紧扣、突出了专业核心内容,更准确地反映了汽车专业的核心知识点,更能衡量考生实际掌握专业知识的水平。

三、关于新大纲中的内容

课程考试大纲中制定的内容主要为了考查学生对专业知识的认知程度,以及学生的专业能力,是专业核心的知识点,是多门专业课程的全部或部分核心内容,不是具体的哪一门课程名称,更不是哪个版本的教材。

2020年修订的考试大纲中制定出了考试所要考核的知识点,也指明了考试题型。"汽车构造"课程从专业知识角度而言,具有组成、作用复杂,类型众多,工作原理、工作过程繁复等特点。

例如,汽车发动机构造中的第十一个知识点"掌握配气机构各主要零部件的功用及结构",指明是主要零部件的功用及结构,配气机构有凸轮轴下置式、凸轮轴中置式、凸轮轴顶置式,凸轮轴顶置还可分为单顶置凸轮轴和双顶置凸轮轴;就每缸气门数量,有每缸两气门和多气门的发动机;就气门顶部的形状,有球面顶、平顶、凹顶、喇叭顶;就气门尾端的形状,有锁片式结构和锁销式结构;就凸轮轴的驱动结构,有齿轮传动、齿形皮带传动、链条传动;就挺柱类型,有机械挺柱和液力挺柱。不同类型发动机配气机构的结构、组成不同,其主要零部件的功用及结构也不相同。而不论这些结构、类型中的哪一种作为考核内容,都没有超出考试要求的范围。

例如,汽车发动机构造中的第十九个知识点"理解进/排气系统的组成、主要零部件的功用"。这里提到进/排气系统,实际运用中的汽车进/排气系统类型比较多,仅进气系统可分为增压发动机和自然吸气发动机两种,其中增压发动机有涡轮增压、进气谐振增压等,涡轮增压又有废气增压、机械增压、双涡轮增压、多涡轮增压、气波增压等;进气系统中的进气管有垂直进气管和回旋进气管。如此众多类型的进气系统,其进气系统结构不尽相同,组成的零部件迥异。而这些内容都是可以考核的,没有超出考试范围。但这些内容在以往传统的汽车专业教材中极少出现,这是挺尴尬的事。如果要一一阐述每一类型进气系统的组成和每一零部件的功用,估计需要长篇累牍。但这里,不可能详尽阐述,因此需要精选、细选其中主要的、共有的零部件进行无遗漏的阐述。

四、关于本书

基于上述面临的困惑、迷茫、尴尬的局面,光有大纲是不够的,不利于很好地把握考试的具体内容。因此,必须将大纲中每一条知识点从众多课程或教材中遴选出来,细化为详尽的、具体的、紧扣大纲的内容。

为了更好地契合考核内容的要求,在细致研读新版大纲的基础上,编写出三大部分,包括汽车发动机构造、汽车底盘构造、汽车电气设备构造。

在每个知识点的具体内容阐述前,给出了考试【提示】和【考核要点】及可能转变成的考核题型。

但在编写过程中,为了保持内容的相对完整,或者为了保持同一知识不同要求之间的过渡,避免无厘头,适度地拓展了一些内容。同时,也是基于类型、结构繁多的原因,恐有遗漏,请予谅解。

五、关于配套部分

1. 演示PPT

为了更好地把握考试范围，本书配套了演示PPT（扫码免费下载），可以就其中提示，对考试内容进行线下课堂讲解。

2. 讲解视频

另外就汽车发动机构造的19个知识点、汽车底盘构造的20个知识点、汽车电气设备构造的11个知识点，一一对应配套了50个讲解视频（扫码观看），供线下课堂讲解或线上自学。

3. 在线练习题

对大纲50个知识点中的每个知识点，根据考试大纲中的考试题型要求，编制出练习题（扫码在线练习）。在编制过程中，尽可能将一个内容以多种题型呈现出来，如一个内容编制成判断题后，再编制成单项选择题，还（或）编制成综合题。汽车发动机构造的19个知识点编制出1800多题，其中包括之前多年的福建省高职单招、高职入学考试试卷中与2020年修订的考试大纲中要求一致的试题，还包括近年的学业水平考试试题。

编　者

2021年10月

目 录

1. 发动机的分类 ………………………………………………………………… (1)
   - 一、按照动力源不同分类 ……………………………………………… (2)
   - 二、按照进气系统工作方式分类 ……………………………………… (4)
   - 三、按照活塞运动方式分类 …………………………………………… (7)
   - 四、按照气缸排列形式分类 …………………………………………… (8)
   - 五、按照气缸数目不同分类 …………………………………………… (10)
   - 六、按照冷却方式不同分类 …………………………………………… (11)
   - 七、按照完成一个工作循环活塞的往复次数不同分类 ……………… (11)
   - 八、按照燃油机供应方式分类 ………………………………………… (13)
   - 九、按照发动机在车身上的布局分类 ………………………………… (14)
2. 发动机的基本组成结构 ……………………………………………………… (16)
   - 一、曲柄连杆机构的基本组成结构 …………………………………… (17)
   - 二、配气机构的基本组成结构 ………………………………………… (17)
   - 三、冷却系统的基本组成结构 ………………………………………… (18)
   - 四、润滑系统的基本组成结构 ………………………………………… (18)
   - 五、进气、排气系统及排气净化装置 ………………………………… (19)
   - 六、启动系统的基本组成结构 ………………………………………… (24)
   - 七、燃油系统 …………………………………………………………… (25)
   - 八、汽油机点火系统 …………………………………………………… (28)
   - 九、进气增压装置 ……………………………………………………… (29)
   - 十、电控发动机管理系统 ……………………………………………… (31)
3. 发动机术语的概念及表达式 ………………………………………………… (32)
4. 四冲程汽油发动机的工作过程 ……………………………………………… (34)
   - 一、进气冲程 …………………………………………………………… (34)
   - 二、压缩冲程 …………………………………………………………… (35)
   - 三、做功冲程 …………………………………………………………… (35)
   - 四、排气冲程 …………………………………………………………… (35)
5. 曲柄连杆机构的功用、组成、工作原理及工作条件 ……………………… (36)
   - 一、曲柄连杆机构的功用 ……………………………………………… (36)
   - 二、曲柄连杆机构的组成 ……………………………………………… (37)
   - 三、工作原理 …………………………………………………………… (37)
   - 四、工作条件 …………………………………………………………… (38)

6 曲柄连杆机构主要零部件的构造、功用及相互关系 ………………………… (42)
一、机体组 ………………………………………………………………………… (43)
二、活塞连杆组 …………………………………………………………………… (51)
三、曲轴飞轮组 …………………………………………………………………… (54)

7 汽油发动机机体组、曲轴飞轮组主要零部件的构造和功用 ………………… (61)
一、汽油发动机机体组 …………………………………………………………… (62)
二、曲轴飞轮组 …………………………………………………………………… (75)

8 四缸发动机曲柄连杆机构曲拐布置及工作顺序 ……………………………… (87)

9 配气机构的功用及组成 ………………………………………………………… (89)
一、配气机构的功用 ……………………………………………………………… (89)
二、配气机构的组成 ……………………………………………………………… (90)

10 气门间隙的概念 ………………………………………………………………… (92)

11 配气机构各主要零部件的功用及结构 ………………………………………… (94)
一、气门组 ………………………………………………………………………… (95)
二、气门传动组 …………………………………………………………………… (104)

12 发动机水冷却系统的功用、组成及其循环路线 ……………………………… (114)
一、传统皮带式发动机水冷却系统的功用、组成及其循环路线 ……………… (115)
二、电子风扇式发动机水冷却系统的功用、组成及其循环路线 ……………… (116)

13 发动机水冷却系统主要零部件的构造和作用 ………………………………… (118)
一、传统皮带式发动机水冷却系统主要零部件的构造和作用 ………………… (120)
二、电控发动机水冷却系统主要零部件的构造和作用 ………………………… (129)

14 发动机润滑系统的作用、组成和润滑形式 …………………………………… (135)
一、发动机润滑系统的作用 ……………………………………………………… (136)
二、发动机润滑系统的组成 ……………………………………………………… (137)
三、发动机润滑系统的润滑形式 ………………………………………………… (138)

15 发动机润滑系统主要零部件的类型、组成和功用 …………………………… (140)
一、发动机润滑系统的组成 ……………………………………………………… (141)
二、供给装置 ……………………………………………………………………… (141)
三、滤清装置 ……………………………………………………………………… (142)
四、仪表与信号指示装置 ………………………………………………………… (147)
五、散热系统 ……………………………………………………………………… (148)
六、通风系统 ……………………………………………………………………… (152)

16 机油的作用和牌号 ……………………………………………………………… (156)
一、机油的作用 …………………………………………………………………… (156)
二、机油的牌号 …………………………………………………………………… (157)

17 电控歧管喷射汽油发动机燃油系统的功用、组成和工作原理 ……………… (163)
一、电控歧管喷射汽油发动机燃油系统的功用 ………………………………… (164)
二、电控歧管喷射汽油发动机燃油系统的组成 ………………………………… (164)

三、电控歧管喷射汽油发动机燃油系统的工作原理 …………………… (164)
18　电控汽油发动机燃油系统主要零部件的作用 ………………………… (167)
　　一、电控汽油发动机燃油系统喷射的形式和组成 ………………………… (167)
　　二、电控汽油发动机燃油系统主要零部件的作用 ………………………… (169)
19　进/排气系统的组成、主要零部件的功用 …………………………… (186)
　　一、发动机进气系统和排气系统概述 ……………………………………… (186)
　　二、发动机进气系统的功能 ………………………………………………… (187)
　　三、发动机进气系统的种类 ………………………………………………… (188)
　　四、发动机进气系统主要零部件的功能(机械部分) ……………………… (189)
　　五、大众EA111(1.2TFSI)发动机进气系统 ……………………………… (197)
　　六、大众EA888系列新2.0发动机进气系统 ……………………………… (200)
　　七、排气系统的组成、主要零部件的功能 ………………………………… (202)

1 发动机的分类

 提示

本节考查发动机的分类。分类方式有很多种,可以按照动力源、进气系统工作方式、活塞运动方式、气缸排列形式、气缸数目、冷却方式、完成一个工作循环活塞的往复次数、燃油供应方式、发动机在车身上的布局进行分类。

 考核要点

本节主要考核以下内容。
(1) 按照动力源不同分类。
(2) 按照进气系统工作方式分类。
(3) 按照活塞运动方式分类。
(4) 按照气缸排列形式分类。
(5) 按照气缸数目不同分类。
(6) 按照冷却方式不同分类。
(7) 按照完成一个工作循环活塞的往复次数不同分类。
(8) 按照燃油供应方式分类。
(9) 按照发动机在车身上的布局分类。

本节的知识点可转换的考核题型包括单项选择题、判断题、综合题。学习时,还要关注各类型发动机中零部件的名称。

 知识点

汽车发动机是汽车的动力,是汽车的心脏,影响汽车的动力、经济和环保,其分类方式有很多种。

一、按照动力源不同分类

按照动力源的不同,汽车发动机可分为汽油发动机、柴油发动机、乙醇/汽车生物柴油机、燃气发动机(天然气、生物沼气、煤层气(瓦斯)、石油伴生气、页岩气)、电动发动机、混合动力发动机和氢能源发动机等。

1. 汽油发动机

汽油发动机(Gasoline Engine)是将燃料的化学能转化为机械能,对外部输出功率,是以汽油作为燃料的发动机。由于汽油黏性小,蒸发快,可以用汽油喷射系统将汽油喷入气缸,经过压缩达到一定的温度和压力后,用火花塞点燃,使气体膨胀做功。普通汽油发动机和柴油发动机是往复活塞内燃机。汽油发动机的特点是,转速高,结构简单,质量轻,噪音小,启动容易,造价低廉,运转平稳,使用维修方便。汽油发动机在汽车上,特别是小型汽车上大量使用,至今不衰。

2. 柴油发动机

柴油发动机是通过燃烧柴油来获取能量释放的发动机。柴油发动机的优点是,功率大,经济性能好。压缩比、热效率、经济性和排放性能优于汽油发动机的。柴油发动机的工作过程与汽油发动机的工作过程有许多相同的地方,每个工作循环也经历进气、压缩、做功、排气四个行程。但由于柴油发动机使用的燃料是柴油,其黏度比汽油大,不易蒸发,而其自燃温度却较汽油低,因此可燃混合气的形成及点火方式与汽油发动机的不同,可燃混合气是在高温、高压下自燃,也称压燃。

3. 燃气发动机

燃气发动机泛指所有使用燃气作为燃料做功的系统。汽车上的燃气发动机就是将普通汽油发动机、柴油发动机的油换成气,加装一套燃气供给系统,原来的发动机基本不用换零部件。

4. 电动发动机

电动发动机是将电源的电能转化为机械能的装置。电源为电动汽车的驱动电动机提供电能,电动机通过传动装置或直接驱动车轮和工作装置将电源的电能转化为机械能。目前,电动汽车上应用的电源主要有钠硫电池、镍镉电池、锂电池、燃料电池、飞轮电池等,这些新型电源的应用,为电动汽车的发展开辟了广阔的前景。

5. 混合动力发动机

通常所说的混合动力一般是指油电混合动力,即燃料(汽油、柴油等)和电能的混合。混合动力汽车是由电动马达作为发动机的辅助动力驱动汽车。

混合动力汽车的燃油经济性高,而且行驶性能优越。混合动力汽车的燃油发动机,在起步、加速时,由于有电动马达的辅助,所以可以降低油耗,简单来说,就是与同样大小的汽车相比,燃油费用更低。

(1) 增程式插电混合动力汽车:这类插电混合动力汽车,严格来说仍是电动车。如图1-1

所示,车内只有一套电力驱动系统,包括驱动电机、充电接口、锂离子电池等。增程式插电混合动力车的电动机直接驱动车轮,发动机则用来驱动发电机给电池充电。因为发动机并不直接驱动车轮,因此也不需要变速箱。这相当于在普通的电动车上装载了一台汽油/柴油发电机。

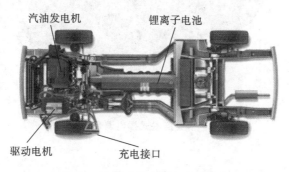

图1-1 增程式插电混合动力汽车

(2) 并联式插电混合动力汽车:这类插电混合动力汽车,车内有两套驱动系统,大多是在传统燃油车的基础上增加电动机、电池、电气设备等,电动机与发动机共同驱动车轮,如图1-2所示。有的车内只有一台电机,驱动车轮的时候充当电动机,不驱动车轮给电池充电的时候充当发电机。

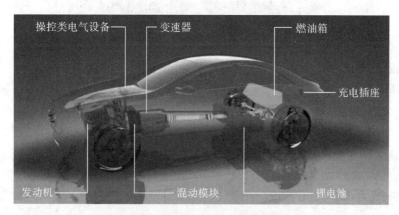

图1-2 并联式插电混合动力汽车

(3) 混联式插电混合动力汽车:与并联式插电混合动力汽车一样,这种模式的汽车也有两套驱动系统,但不同的是,混联式插电混合动力汽车有两个电机。一个电机仅用于直接驱动车轮,还有一个电机具有双重角色(当需要极限性能的时候,充当电动机直接驱动车轮,整车功率就是发动机与两个电机的功率之和;当电力不足的时候,就充当发电机,给电池充电)。

混联式插电混合动力汽车,还可以再细分为两类:一类是前置(见图1-3);另外一类是前后置(见图1-4),就是把兼职的电机与发动机放到一起,另外的纯电动机单独放置。

混合动力发动机的优点除混联式插电混合动力汽车具有的优点外,还可以在前轮驱动、后轮驱动、四轮驱动三种模式下切换。

图 1-3　前置混联式插电混合动力汽车

图 1-4　前后置混联式插电混合动力汽车

6. 氢能源发动机

氢动力汽车以氢气代替燃油作为燃料。氢气在车体内经过燃烧后只排出水蒸气,对空气不会造成任何污染,是一种理想的汽车燃料;但以氢气作为燃料也存在不安全因素。因为氢与氧以固定比例混合就会发生爆炸,为了避免发生这种情况,车内储备氢气的装置防护设计必须严格达到标准要求,而且车体的安全装置要相当稳固、牢靠。

二、按照进气系统工作方式分类

按照进气系统工作方式的不同,可分为增压式发动机与非增压式发动机。非增压式发动机为自然吸气发动机;增压式发动机有机械直连涡轮、电子辅助涡轮、可变截面涡轮、双增压、多涡轮增压。

1. 自然吸气发动机

自然吸气发动机主要是通过四冲程中的排气冲程完成的,由缸内产生的负压让大气压力推动空气进入发动机,这种状态下,发动机缸内的进气压不会超过 1.2 个大气压,也就是说,空气量只会在自然压力下。

2. 增压式发动机

(1) 机械直连涡轮(见图 1-5):是利用发动机排出的废气作为动力来推动涡轮室内的涡

轮(位于排气道内),涡轮又带动同轴的叶轮(位于进气道内),叶轮就压缩由空气滤清器管道送来的新鲜空气,再送入气缸。当发动机转速加快时,废气的排出速度与涡轮转速也同步加快,空气压缩程度也得以加大,发动机的进气量相应增加,这样就可以增加发动机的输出功率。

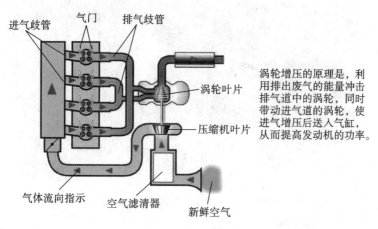

图 1-5 机械直连涡轮增压式发动机

(2) 电子辅助涡轮(见图 1-6):有两个用处,一个就是在涡轮起压转速太慢时,可靠电子辅助使涡轮提前起压;另一个就是在增压过程中,如果要继续提升马力,靠电子辅助使涡轮转速进一步提升。具体实施就要靠各种传感器的配合。

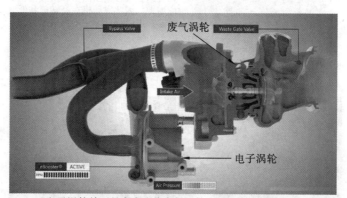

图 1-6 电子辅助涡轮增压式发动机

(3) 可变截面涡轮(见图 1-7):就是改变叶片形状或长度,来实现压力大小的自由调控。可变截面涡轮就是通过在传统涡轮叶片外,再加一层可转动的类似导流板的叶片,这层叶片可以通过电控任意转动角度,从而调节增压力度和增压响应。当需要响应快时,导流叶片关闭,提高响应能力;当需要增压值大时,导流叶片打开,提高进气量(注意,导流叶片是不随涡轮转动的,只起导流作用)。

(4) 双增压(见图 1-8):双增压并不是两个涡轮,而是涡轮增压和机械增压共同配合。低转速用机械增压来提高响应,高转速时由于涡轮介入,可带来更高的动力。

涡轮增压器的排气端外围加了一圈通过电子系统控制角度的叶片

VGS通过改变废气进入涡轮的入口截面面积。高转速时，涡轮排气入口面积增大，排气流速减小，涡轮转速相对降低，避免增压器超速，增压压力过大；低转速时，涡轮入口面积减小，加快排气流速，使涡轮转速更快，增压压力和供气量相应增加。因此发动机在高转速和低转速都可以保证最佳动力输出。

可变截面叶片

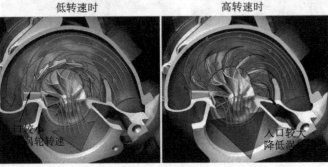

低转速时　　　　　　高转速时

入口较小　　　　　　入口较大
涡轮转速　　　　　　降低涡轮

图1-7　可变截面涡轮

（5）多涡轮增压：这是比较常见的解决大马力涡轮发动机迟滞的一种方法。常见的为双涡轮增压，一个小涡轮叶片串联一个大涡轮叶片，废气驱动小涡轮叶片，提高响应能力，驱动大涡轮叶片提高进气能力。还有更暴力的四涡轮增压，但这纯粹是为了性能。多涡轮增压可根据发动机标定取向来决定大小涡轮。

图 1-8 双增压发动机

三、按照活塞运动方式分类

按活塞运动方式的不同,可分为往复活塞式内燃机和转子发动机(旋转活塞式)两种。

1. 往复活塞式内燃机

往复活塞式内燃机是指活塞在气缸内作往复直线运动的活塞式内燃机(见图1-9)。这种内燃机具有效率高、体积小、质量轻和功率大等优点,现在技术比较成熟,广泛应用于汽车动力。

2. 转子发动机

转子发动机采用三角转子旋转运动控制压缩和排放(见图1-10),与传统的往复活塞式内燃机的直线运动迥然不同。转子发动机与传统的往复活塞式内燃机的比较:往复活塞式内燃机和转子发动机都依靠空气燃料混合气燃烧产生的膨胀压力以获得转动力。两种发动机的机

图 1-9 往复活塞式内燃机

构差异在于使用膨胀压力的方式。在往复活塞式内燃机中,产生在活塞顶部表面的膨胀压力向下推动活塞,机械力被传给连杆,带动曲轴转动。对于转子发动机,膨胀压力作用在转子的侧面。从而将三角形转子的三个面之一推向偏心轴的中心。这一运动在两个分力的作用下进行。一个是指向输出轴中心的向心力,另一个是使输出轴转动的切线力。

转子发动机的转子每旋转一圈就做功三次,与一般的四冲程发动机每旋转两圈才做功一次相比,具有高马力容积比(发动机容积较小就能输出较多动力)的优点。另外,由于转子发动机的轴向运转特性,它不需要精密的曲轴平衡就能达到较高的转速。整个发动机只有两个转动部件,与一般的四冲程发动机具有进气门、排气门等二十多个活动部件相比,结构

图 1-10 转子发动机

大大简化,发生故障的可能性也大大减小。转子发动机的优点亦包括体积较小、重量轻、低重心、震动小等。

但其缺点是油耗高,污染重。由于没有往复活塞式内燃机的高压缩比,使得燃烧不能够很充分。磨损严重,零部件寿命短。其独特的机械结构也造成这类引擎较难维修。

四、按照气缸排列形式分类

按气缸排列形式不同,可分为 L 型(直列)发动机、V 型发动机、VR 型发动机、W 型发动机和水平对置发动机等。

1. L 型(直列)发动机

如图 1-11 所示,L 型(直列)发动机的气缸成一字排列。主要有 L3、L4、L5、L6。L 型(直列)发动机具有结构简单、制造成本低、低速扭矩特性好、耗油量少、体积小、适用范围更广,缺点是低功率。

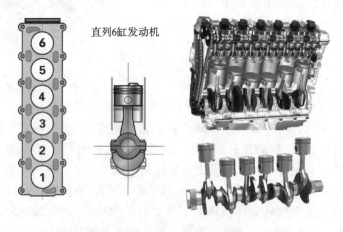

图 1-11 L 型(直列)发动机

2. V型发动机

如图1-12所示,V型发动机就是将所有气缸分成两组,把相邻气缸以一定夹角布置在一起,使两组气缸形成有一个夹角的平面,从侧面看气缸呈V字形的发动机。V型发动机与L型(直列)发动机相比,缩短了机体长度和高度,增加了气缸体的刚度,减轻了发动机的重量,但增加了引擎的宽度,形状复杂,加工困难,在汽车上布置起来较为方便。便于通过扩大气缸直径来提高排量和功率,用于超过6缸的发动机。目前的V型发动机主要是V6、V8、V10、V12。

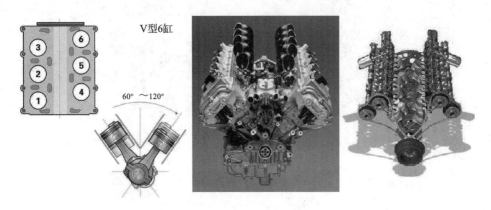

图1-12　V型发动机

3. VR型发动机

如图1-13所示,为了满足在中低挡车辆上横向安装大功率发动机的需要,VR型发动机诞生了。6个相互成15°或更小的角度偏置布置的气缸容纳在一个不太宽的且较短的发动机缸体上。此类发动机不同于V型发动机,它只有一个气缸盖,并且比V型发动机更窄。

4. W型发动机

如图1-14所示,W型发动机由两组V型发动机组合而成,从侧面看起来像"W",因此得名。同时,可以说W12发动机是由两个V6发动机组成的,其最大优点是结构紧凑,易于布置,有利于发动机舱室空间的优化,缺点是结构过于复杂。W型发动机是通用的专利技术。只有大众品牌使用W型发动机。目前主要使用W12和W16。

5. 水平对置发动机

如图1-15所示,实际上,水平对置发动机也是V型发动机,但它的圆筒夹角是180°。水平对置发动机是汽车发动机组合机械原理最复杂的一种,制造成本高,目前只有保时捷和斯巴鲁在使用。水平对置发动机的最大优点是它的重心很低。由于它的气缸是水平对向布置的,不仅降低了汽车的重心,而且使车头变平和低,从而提高了汽车的驾驶稳定性。与此同时,气缸布局是对称、稳定的结构,运行时的功率损耗最小。此外,活塞曲轴的振动在左右运动中相互抵消,从而实现低噪音和低油耗。目前主要有4个气缸和6个气缸两种。

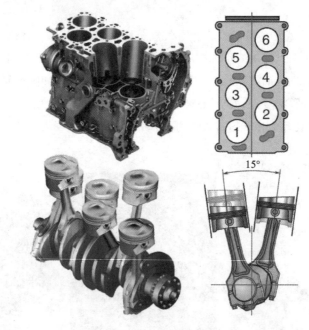

图 1-13　VR 型发动机

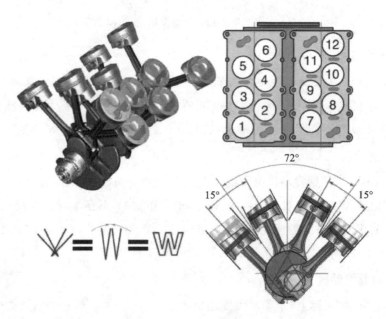

图 1-14　W 型发动机

五、按照气缸数目不同分类

发动机按照气缸数目的不同可以分为单缸发动机和多缸发动机。仅有一个气缸的发动

图 1-15　水平对置发动机

机称为单缸发动机；有两个以上气缸的发动机称为多缸发动机。现代汽车多采用三缸发动机、四缸发动机、六缸发动机、八缸发动机、十缸发动机和十二缸发动机。

六、按照冷却方式不同分类

按冷却方式不同可以分为水冷发动机和风冷发动机。水冷发动机冷却均匀，工作可靠，冷却效果好，被广泛应用于现代车用发动机。

如图 1-16 所示，水冷式发动机的冷却介质靠水或水和乙二醇的混合液在发动机水套与散热器间强制循环。风冷式发动机则是依靠冷却翼片散热，如图 1-17 所示。

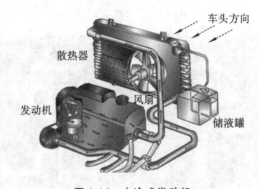

图 1-16　水冷式发动机

七、按照完成一个工作循环活塞的往复次数不同分类

按完成一个工作循环活塞的往复次数不同，可分为四冲程发动机和二冲程发动机。汽车发动机广泛使用四冲程发动机。

图 1-17 风冷式发动机

所谓四冲程发动机,是指发动机曲轴每旋转两周,经历进气、压缩、做功、排气四个冲程后完成一个工作循环,如图 1-18 所示。而二冲程发动机只需要曲轴转动一周,经历两个冲程即可完成一个工作循环。

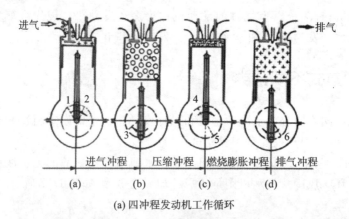

(a) 四冲程发动机工作循环

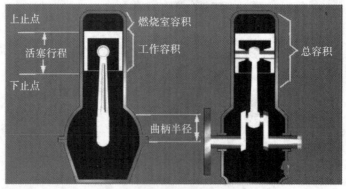

(b) 发动机基本参数

图 1-18 四冲程发动机示意图

二冲程发动机中,曲轴每旋转一圈(360°),活塞往复移动一次,发动机完成一个工作循环,即每两个冲程完成一个工作循环,如图 1-19 所示。

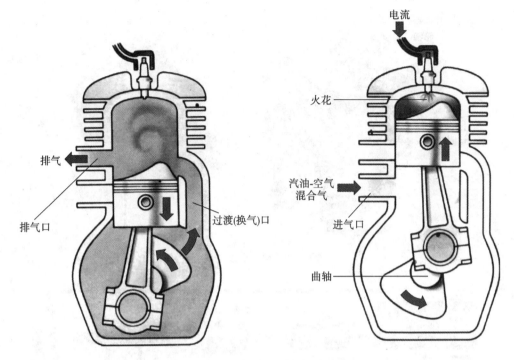

图 1-19　二冲程发动机示意图

不论是二冲程发动机还是四冲程发动机,都要经过进(扫)气、压缩、燃烧膨胀、排气四个工作过程,才能完成一个工作循环。

二冲程发动机与四冲程发动机每完成一个工作循环,其进气门、排气门或进气口、排气口、扫气口都只开启和关闭一次,但其开启和关闭的时间周期不同。二冲程发动机曲轴每旋转一圈,就有一个做功冲程。

八、按照燃油机供应方式分类

按燃油机供应方式的不同,可分为化油器发动机和电控燃油喷射控制发动机。目前使用的电控燃油喷射控制发动机有歧管燃油喷射控制发动机和缸内直喷发动机。

化油器是在发动机工作产生真空的作用下,将一定比例的汽油与空气混合的机械装置,如图 1-20 所示。化油器作为一种精密的机械装置,它利用吸入空气流的动能实现汽油的雾化。其完整装置包括启动装置、怠速装置、中等负荷装置、全负荷装置、加速装置。根据发动机的不同工作状态需求,燃油在化油器进气管内与空气自动配比出相应的浓度,输出相应量的混合气后进入气缸,以供机器正常运行。

电控燃油喷射控制发动机靠安装在每个气缸进气门前、安装在歧管(或进气总管或气缸盖)上的喷油器供油,喷油器的供油量是由中央处理器的 ECU 控制的,如图 1-21 所示。

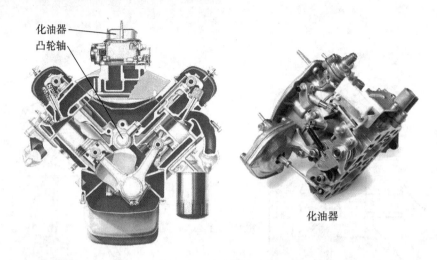

图 1-20 化油器发动机

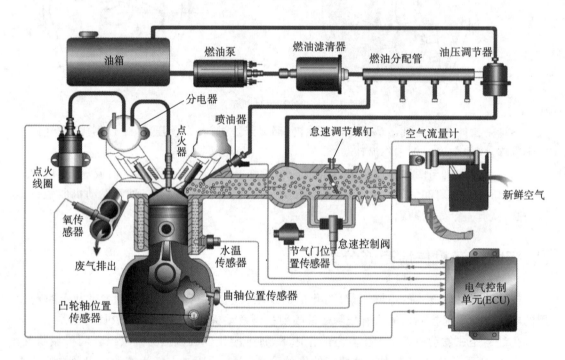

图 1-21 电控燃油喷射控制发动机示意图

九、按照发动机在车身上的布局分类

按照发动机在车身上布局的不同,还可以分成前置发动机(见图 1-22(a)、(b))、中置发动机(见图 1-22(c))以及后置发动机(见图 1-22(d))三种。

1 发动机的分类

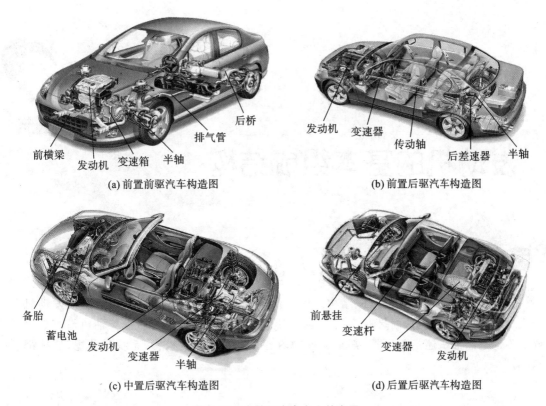

图 1-22 发动机在车身上的布局

发动机的基本组成结构

提示

本节考查发动机的基本组成结构。虽然没有指明具体的发动机类型,且燃油发动机分为汽油机和柴油机,但它们具有不同的结构,比如汽油机有点火系统,而柴油机没有点火系统。不论是汽油机还是柴油机,都是考核的内容。它们都包含机构、系统和装置,这些都要掌握。

考核要点

本节主要考核以下内容。
(1) 曲柄连杆机构的基本组成结构。
(2) 配气机构的基本组成结构。
(3) 冷却系的基本组成结构。
(4) 润滑系的基本组成结构。
(5) 进/排气系统及排气净化装置中的三元催化转换器、二次空气喷射系统、排气再循环(EGR)系统、恒温进气系统、发动机曲轴箱通风装置、燃油蒸发控制系统、柴油机尾气微粒过滤器的基本组成结构。
(6) 启动系统的基本组成结构。
(7) 燃油系统中,电喷汽油机的燃油系统、化油器式汽油机的燃油系统、柴油机燃油系统、电控柴油机燃油系统的基本组成结构。
(8) 汽油机点火系中,传统蓄电池点火系统、电子点火系统、微机控制点火系统的基本组成结构。
(9) 进气增压装置的基本组成结构。
(10) 电控发动机管理系统的基本组成结构。
本节的知识点可转换的考核题型包括单项选择题、判断题、综合题。学习时,还要关注不同结构发动机中零部件的名称。

知识点

发动机是由多个机构和系统组成的构造复杂的机器,它的结构多样。即使是同一类型的发动机,其具体构造也千差万别。但是,发动机工作循环所需要的基本构造则是大体相同的。活塞式发动机由曲柄连杆机构、配气机构、冷却系统、润滑系统、燃油系统、进/排气系统、排气净化装置、启动系统等组成。此外,汽油机包括点火系统,增压式发动机包括进气增压装置,电控发动机包括电控发动机管理系统。

一、曲柄连杆机构的基本组成结构

曲柄连杆机构主要由气缸体、气缸盖、活塞、连杆总成、曲轴、飞轮和油底壳等组成,如图2-1所示。它是发动机的能量和运动转换机构。在做功行程,它将燃气推动活塞做功的直线运动转换成曲轴的旋转运动,向外输出转矩。在进气、压缩和排气三个冲程,它将曲轴的旋转运动转换成活塞的直线往复运动,以完成做功的准备工作。

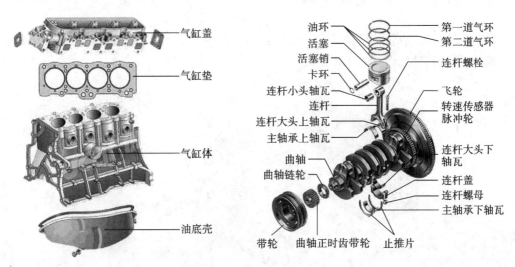

图 2-1　曲柄连杆机构的组成

二、配气机构的基本组成结构

配气机构主要由进气门、排气门、挺柱体、凸轮轴和凸轮轴正时齿轮(或链条和链轮或正时齿形带和皮带轮)等组成,如图2-2所示。其作用是使新鲜气体适时充入气缸并及时从气缸排出废气。

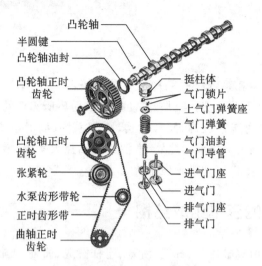

图 2-2 配气机构的组成

三、冷却系统的基本组成结构

冷却系统主要包括水泵、排风扇、节温器水套、散热器等,如图 2-3 所示。其作用是冷却受热机件,保持发动机正常的工作温度。

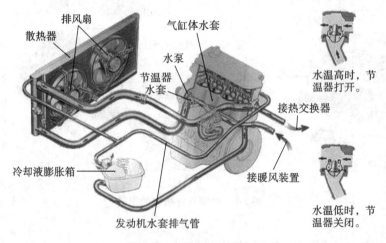

图 2-3 冷却系统的组成

四、润滑系统的基本组成结构

如图 2-4 所示,润滑系统主要由机油泵、集滤器、油道、机油滤清器(有的车辆有机油粗滤器、机油细滤器)、机油加注口、油底壳、机油尺等组成,还包括机油冷却器、机油油位传感器、机油压力传感器及限压阀。其主要作用是润滑摩擦件,减小摩擦力和机件的磨损,冷却摩擦零件和清洗摩擦件表面。

2 发动机的基本组成结构

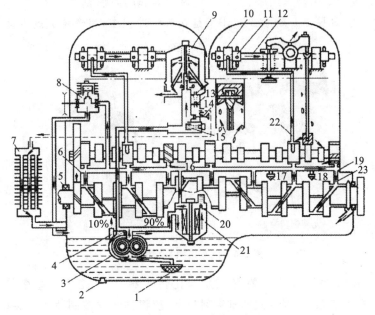

图 2-4 润滑系统的组成

1—集滤器；2—磁性放油螺塞；3—机油泵；4—限压阀；5—曲轴前油封；6—喷嘴；7—机油散热器；
8—空气压缩机；9—细滤器；10—摇臂轴支座；11—摇臂；12—摇臂轴；13—机油散热器安全阀；
14—机油散热器开关；15—进油限压阀；16—机油泵和分电器驱动轴；17—油压过低传感器；
18—机油压力传感器；19—主油道；20—旁通阀；21—粗滤器；22—向上油道；23—横油道

五、进气、排气系统及排气净化装置

汽车进气系统主要由空气滤清器、空气流量传感器、进气管、进气总管、怠速阀、PCV 管、节气门怠速开度控制传感器和进气歧管组成，如图 2-5 所示。其作用是在进气冲程中，将可燃混合气或洁净的空气导入气缸。

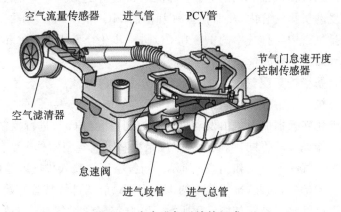

图 2-5 汽车进气系统的组成

汽车排气系统主要由排气歧管、三元催化转换器、软连接、前消音器、共鸣器、排气管、后消音器和尾管组成,如图2-6所示。其作用是在排气冲程中,将燃烧完的气体导出并消减其噪声。

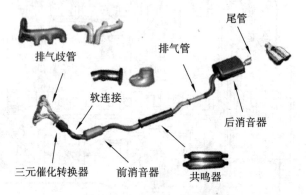

图 2-6 汽车排气系统的组成

汽油发动机排气净化装置主要有三元催化转换器、二次空气喷射装置、排气再循环(EGR)装置、恒温进气系统、强制式曲轴箱通风装置、汽油蒸发控制装置等类型,柴油发动机有柴油机尾气微粒过滤器等类型。

1. 三元催化转换器

三元催化转换器是安装在汽车排气系统中的最重要的机外净化装置,如图2-7所示,它可将汽车尾气排出的 CO、HC 和 NO_x 等有害气体通过氧化和还原作用转变为无害的 CO_2、H_2O 和 N_2。当高温的汽车尾气通过净化装置时,三元催化转换器中的净化剂将增强 CO、HC 和 NO_x 三种气体的活性,促使其进行一定的氧化-还原反应,其中 CO 在高温下氧化为无色、无毒的 CO_2;碳氢化合物在高温下氧化成水(H_2O)和二氧化碳(CO_2);NO_x 还原成氮气(N_2)和氧气(O_2)。三种有害气体变成无害气体,使汽车尾气得以净化。

2. 二次空气喷射系统

二次空气喷射系统在汽油、柴油汽车上都能取得良好的效果。它的工作原理是空气泵将新鲜空气送入发动机排气管内,从而使排气管内的 HC 和 CO 进一步氧化和燃烧,即把导入空气中的氧在排气管内与排气中的 HC 和 CO 进一步化合形成水蒸气和二氧化碳,从而降低排气管中 HC 和 CO 的排放量。

二次空气喷射系统按其空气喷入的部位,可分为上游气流二次空气喷射系统及下游气流二次空气喷射系统。上游气流进入排气歧管,下游气流流进转换器的空气室中,空气进入排气歧管及三元催化转换器的时机由发动机电子控制单元(ECU)进行控制。二次空气喷射系统按照结构和工作原理的不同,可以分为空气泵型和吸气器型两种类型。

上游气流二次空气喷射系统如图2-8所示。新鲜空气被喷入排气歧管的基部,即排气歧管与气缸体相连接的部位,因此,排气管中的 HC、CO 只能从排气歧管开始被氧化。

下游气流二次空气喷射系统如图2-9所示。新鲜空气通过气缸盖上的专设管道喷入排气门与气缸盖内的排气通道内,排气管中 HC、CO 的氧化更早进行。

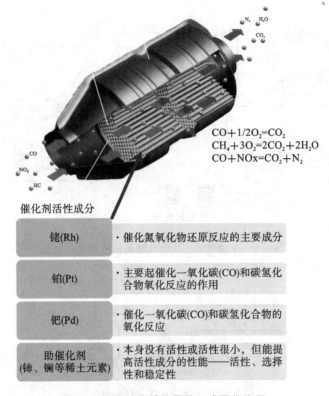

图 2-7 三元催化转换器的组成及其作用

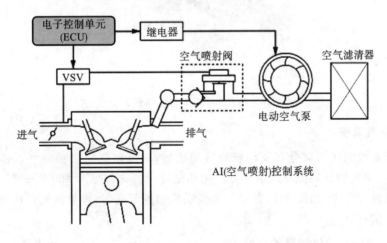

图 2-8 上游气流二次空气喷射系统组成示意图

3. 排气再循环(EGR)系统

排气再循环(EGR)就是在 ECU 的控制下,根据发动机工况的不同,将一部分废气引入气缸内,与可燃混合气混合燃烧,从而降低燃烧速度和温度,减少导入 NO_x 的生成量,如图2-10所示。废气的引入会降低可燃气体的着火性能,令发动机的功率有所下降。因此,废气量一般控制在总进气量的 5%～15%,当发动机低温、急速运转、节气门开度大时,EGR 停止工作。

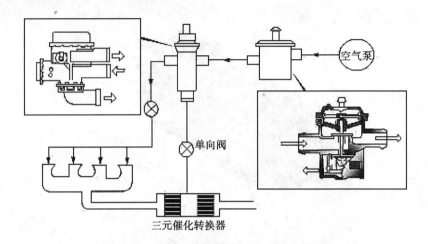

图 2-9　下游气流二次空气喷射系统组成示意图

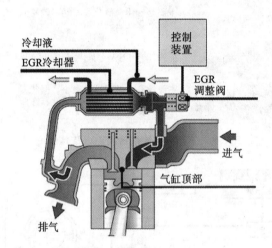

图 2-10　排气再循环(EGR)系统的组成

4. 恒温进气系统

恒温进气系统的功用就是在发动机冷启动之后,向发动机供给热空气,这时,即使供给的是稀混合气,热空气也能促使汽油充分汽化和燃烧,从而减少 CO 和 HC 的排放,还能改善发动机低温运转的性能,如图 2-11 所示。当发动机温度升高时,恒温进气系统向发动机供给未经加热的环境空气。

5. 发动机曲轴箱通风装置的作用

发动机曲轴箱通风装置的作用主要包含以下几个方面。
(1) 防止机油变质。
(2) 防止曲轴油封、曲轴箱衬垫渗漏。
(3) 防止各种油蒸气污染大气。

发动机工作时,总有一部分可燃混合气和废气经活塞环窜到曲轴箱内,窜到曲轴箱内的油蒸气凝结后将使机油变稀,性能变坏。废气内含有水蒸气和二氧化硫,水蒸气凝结在机油

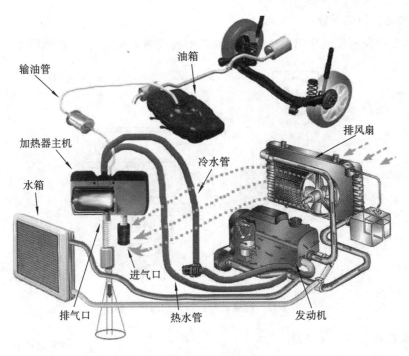

图 2-11 恒温进气系统的组成

中形成泡沫,破坏机油供给(这种现象在冬季尤为严重)。二氧化硫遇水生成亚硫酸,亚硫酸遇到空气中的氧生成硫酸,这些酸性物质的出现不仅使机油变质,也会使零件受到腐蚀,如图 2-12 所示。由于可燃混合气和废气窜到曲轴箱内,曲轴箱内的压力将增大,机油会从曲轴油封、曲轴箱衬垫等处渗出而流失。流失到大气中的油蒸气会加大对大气的污染。安装发动机曲轴箱通风装置就可以避免或减轻上述现象。

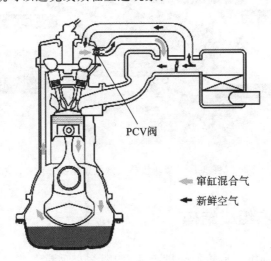

图 2-12 发动机曲轴箱通风装置

6. 燃油蒸发控制系统

燃油蒸发控制系统的作用是防止汽车油箱内的汽油蒸气排入大气,如图2-13所示。

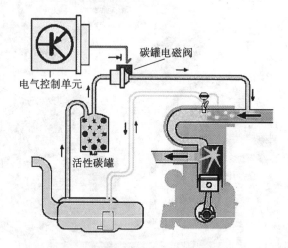

图 2-13　燃油蒸发控制系统组成示意图

7. 柴油机尾气微粒过滤器

柴油机尾气微粒过滤器安装在柴油车排气系统中,是一种通过过滤来减少排气中的颗粒物的装置,如图2-14所示。柴油机尾气微粒过滤器通过表面和内部混合的过滤装置捕捉颗粒,例如扩散沉淀、惯性沉淀或者线性拦截。柴油机尾气微粒过滤器能够有效地净化排气中70%~90%的颗粒,是净化柴油机颗粒物最有效、最直接的方法之一。

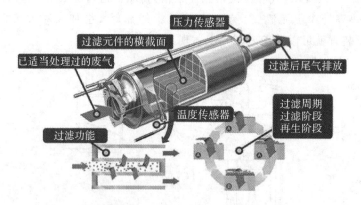

图 2-14　柴油机尾气微粒过滤器

六、启动系统的基本组成结构

启动系统由启动电动机及齿轮传动机组成,如图2-15所示。其作用是使发动机从静止状态达到混合气燃烧做功所需要的转速。

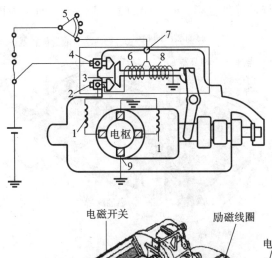

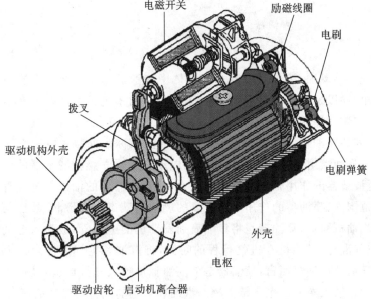

图 2-15 启动系统的组成

1—励磁线圈;2—"C"端子;3—旁通接柱;4—"30"端子 5—点后开关;
6—吸拉线圈;7—"50"端子;8—保持线圈;9—电刷

七、燃油系统

1. 汽油机燃油系统

汽油机燃油系统的作用是向气缸提供一定浓度的适量混合气。

电喷汽油机的燃油系统主要由油箱、燃油泵、燃油滤清器、燃油压力调节器和喷油器等组成,如图 2-16 所示。按汽油喷射系统的控制方法,可分为机械控制式、电子控制式及机电混合控制式三种。按汽油喷射系统喷射部位的不同,可分为缸内喷射系统和缸外喷射系统两种。缸内喷射系统是通过安装在气缸盖上的喷油器,将汽油直接喷入气缸。缸外喷射系统是将喷油器安装在进气管或进气歧管上,缸外喷射系统分进气管喷射系统和进气道喷射系统。按汽油喷射系统的连续性,可分为连续喷射式系统和间歇喷射式系统。

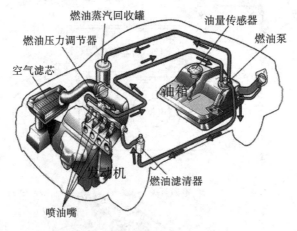

图 2-16 电喷汽油机的燃油系统

油箱主要起存储燃油、沉淀杂质和分离液体中气泡的作用。电动汽油泵的作用是将燃油从油箱中吸出,并以足够的泵油量和泵油压力向燃油系统供油。电动汽油泵常见的安装位置有两种,即安装在油箱内和油箱外供油管路上。安装在油箱内的电动汽油泵称为内装式电动汽油泵,安装在油箱外供油管路上的电动汽油泵称为外装式电动汽油泵。如图 2-16 所示,目前,电控汽油喷射系统一般采用内装式电动汽油泵。燃油滤清器的作用是过滤汽油中的杂质;油压调节器的作用是控制供油的压力,使喷油器中的油压与进气管负压之差始终保持在一定的范围内;喷油器的作用是将定量的燃油由液态变成雾状,然后与空气混合。对于缸外喷射的汽油机而言,喷油器是将汽油喷到发动机的进气管,被喷入进气管的汽油形成雾状,然后与空气混合,发动机在进气行程的时候,将汽油和空气的混合物吸入气缸进行燃烧。对于缸内喷射的汽油机而言,喷油器是将汽油直接喷入气缸内部,被喷入的汽油形成雾状,与空气混合后,被火花塞点燃。被点燃的汽油和空气的混合物推动活塞做功。

化油器式汽油机燃油系统主要由油箱、汽油泵、汽油滤清器和化油器(carburetor)等组成,如图 2-17 所示。

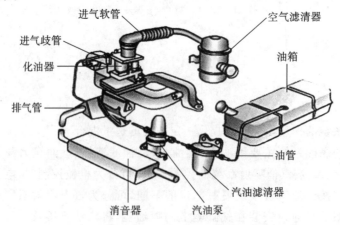

图 2-17 化油器式汽油机燃油系统的组成示意图

油箱的作用主要是储存系统所需的工作液体，同时兼有散热、沉淀杂质和分离液体中的气泡。油箱中安装有滤清器及液位计等。

汽油泵的作用是把汽油从油箱中吸出，并经管路和汽油滤清器送到化油器的浮子室内。

汽油滤清器串联在汽油泵和节流阀体进油口之间的管路上，将含在燃油中的固体杂质（氧化铁和粉尘等）过滤出来，从而对其他零部件起到保护的作用，可以大幅减少磨损，避免出现堵塞的情况。

化油器是一种在发动机工作产生的真空作用下，将一定比例的汽油与空气混合的机械装置。化油器作为一种精密的机械装置，它利用吸入空气流的动能实现汽油的雾化。其完整的装置应包括启动装置、怠速装置、中等负荷装置、全负荷装置、加速装置。化油器会根据发动机的工作状态需求不同，自动配比出相应的浓度，输出相应量的混合气，为了使配比的混合气混合得比较均匀，化油器还有使燃油雾化的效果，以供机器正常运行。

2．柴油机燃油系统

柴油机燃油系统的作用是向气缸内定时、定量地喷射雾化良好的柴油。

（1）柴油机燃油系统主要由柴油箱、输油泵、低压油管、滤清器、高压喷油泵、高压油管、喷油器及回油管等组成，如图2-18所示。

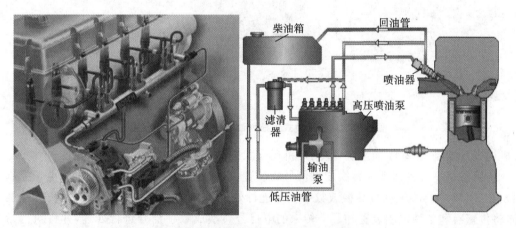

图2-18　柴油机燃油系统的组成示意图

柴油机燃油系统的作用是完成燃料的储存、滤清和输送工作。按柴油机各种工况的要求，定时、定量、定压并以一定的喷油质量喷入燃烧室，使其与空气迅速而良好地混合和燃烧，最后将废气排入大气。

（2）电控柴油机燃油系统可分为蓄压式电控燃油喷射系统、液力增压式电控燃油喷射系统和高压共轨式电控燃油喷射系统。

如图2-19所示，高压共轨式电控燃油喷射系统由传感器、ECU（电子控制单元）和执行机构三部分组成。主要由油箱、柴油滤清器、柴油粗滤器、油量计量单元、燃油齿轮泵、高压泵、油轨、轨压传感器及带电磁阀的喷油器等组成，如图2-19所示。

电控柴油喷射系统的任务是对喷油系统进行电子控制，实现对喷油量以及喷油定时随运行工况的实时控制。采用转速、温度、压力等传感器，将实时检测的参数同步输入计算机，与已储存的参数值进行比较，经过计算后，按照最佳值对喷油泵、废气再循环阀、预热塞等执

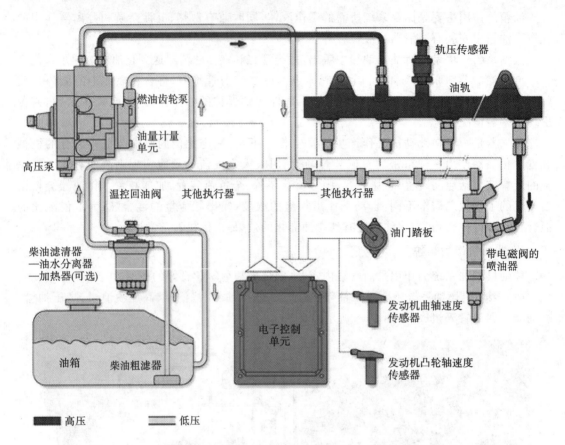

图 2-19 高压共轨式电控燃油喷射系统组成示意图

行机构进行控制,驱动喷油系统,使柴油机运作状态达到最佳。

传感器是一种将物理量转换成电信号的装置,它们将系统状态传递给 ECM(电子控制模块),在 ECM 中再将电信号转换成数字信号进行处理。ECM 是电控柴油喷射系统的控制中心,将传感器和各种控制装置和开关传来的电信号转换成数字信号进行处理,并将执行指令和数据信息传输给执行器及其他装置。

八、汽油机点火系统

汽油机点火系统的作用是,按气缸点火次序定时地向火花塞提供足够能量的高压电,使火花塞电极间产生火花,从而点燃气缸内被压缩的可燃混合气。

按其组成和产生高压电方式的不同,汽油机点火系统可分为传统点火系统和电子点火系统。传统点火系统包括传统蓄电池点火系统和传统磁电机点火系统;电子点火系统包括晶体管点火系统、半导体点火系统和无分电器点火系统。无分电器点火系统有半独立点火系统和全独立点火系统。半独立点火(以 4 缸为例)是指 1 和 4 缸同时点火,一个是虚点火,一个是实点火。虚点火的意思是指发动机缸体里没有混合气体,而实点火是指发动机有混合气体,2 和 3 缸点火方式也是如此。全独立点火(以 4 缸为例)是指 4 个缸单独点火,一个缸点一次,而不是同时点火。

1. 传统蓄电池点火系统

传统蓄电池点火系统由点火线圈、分电器(包括断电器)、配电器和火花塞等组成,如图2-20(a)所示。

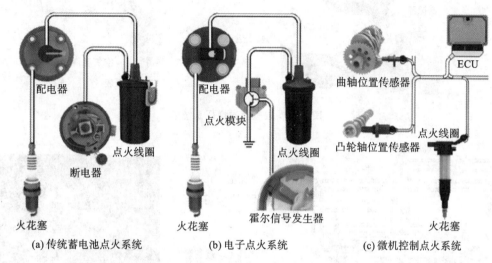

(a) 传统蓄电池点火系统　　(b) 电子点火系统　　(c) 微机控制点火系统

图 2-20　点火系统组成示意图

以蓄电池和发电机为电源,借助点火线圈和断电器的作用,将电源提供的 6 V、12 V 或 24 V 的低压直流电转变为高压电,再通过分电器分配到各缸的火花塞,使火花塞两电极之间产生电火花,点燃可燃混合气。传统蓄电池点火系统正在逐渐被电子点火系统和微机控制点火系统所取代。

2. 电子点火系统

以蓄电池和发电机为电源,借助点火线圈和由晶体三极管组成的点火控制器,将电源提供的低压电转变为高压电,再通过分电器分配到各缸的火花塞,使火花塞两电极之间产生电火花,点燃可燃混合气,如图2-20(b)所示。电子点火系统使用方便,目前广泛用于汽车上。

3. 微机控制点火系统

以蓄电池和发电机为电源,借助点火线圈将电源的低压电转变为高压电,并由微机控制系统根据各种传感器提供的反映发动机工况的信息,发出点火控制信号,控制点火时刻,点燃可燃混合气,如图2-20(c)所示。

九、进气增压装置

进气增压装置主要指进气谐振增压系统,如图 2-21 所示。涡轮增压器及中冷器如图 2-22所示。可变进气歧管如图 2-23 所示。其作用是提高进气压力,增加气缸的充气量,提高发动机的功率。

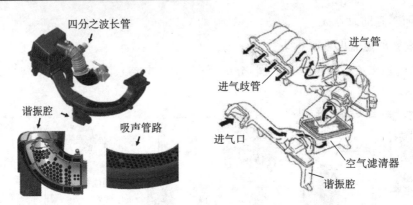

图 2-21　进气谐振增压系统

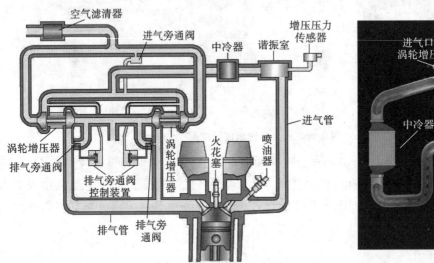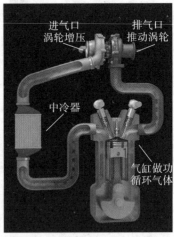

图 2-22　涡轮增压器及中冷器示意图

图 2-23　可变进气歧管

十、电控发动机管理系统

电控发动机管理系统主要由电子控制单元（ECU）和分布在发动机相关部位的各种传感器和执行器组成，如图 2-24 所示。其作用是精确地自动控制发动机的相关运行参数，使发动机在最佳运行状态下工作。

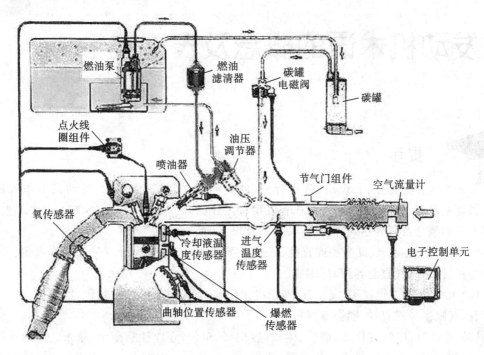

图 2-24 电控发动机管理系统组成示意图

3 发动机术语的概念及表达式

 提示

发动机包含上止点、下止点、活塞行程、曲柄半径、气缸工作容积、发动机工作容积（排量）、燃烧室容积、气缸总容积、压缩比和发动机工作循环等常用术语。本节主要考查发动机常用术语的概念及其表达式等内容，特别注意以下知识点。

（1）给定气缸数、气缸半径或直径、活塞行程、燃烧室容积，可计算气缸工作容积、发动机工作容积（排量）、气缸总容积、压缩比。

（2）给定气缸工作容积、气缸数、发动机工作容积（排量）、气缸总容积、压缩比，可计算活塞行程、气缸半径或直径、燃烧室容积。

（3）计算时，应注意长度、面积、体积（容积）的单位；还应注意毫米、厘米之间的换算，面积单位平方毫米、平方厘米之间的换算，体积（容积）单位立方毫米、升、立方厘米之间的换算。

 考核要点

本节主要考查发动机上止点、下止点、活塞行程、曲柄半径、气缸工作容积、发动机工作容积（排量）、燃烧室容积、气缸总容积、压缩比和发动机工作循环等常用术语的概念及其表达式。

这部分的知识点可转换的考核题型包括单项选择题、判断题、综合题中的计算题。

 知识点

发动机的工作过程是周期性地将燃料燃烧的热能转变为机械能的过程。

发动机每次将热能转变为机械能，都必须经过进气、压缩、做功、排气四个连续的过程。每进行一次这样的过程称为一个工作循环。

发动机的曲轴旋转两周，活塞往复四个冲程才能完成一个工作循环，称为四冲程发动机。发动机的曲轴旋转一周,活塞往复两个冲程即完成一个工作循环,称为二冲程发动机。

活塞离曲轴回转中心最远处称为上止点,活塞离曲轴回转中心最近处称为下止点,上止点、下止点间的距离 S 称为活塞行程。

曲轴连杆轴颈中心至曲轴主轴颈中心的距离 R 称为曲柄半径,显然 S=2R。

曲轴每旋转一周,活塞移动两个冲程。

上止点、下止点之间气缸的容积称为气缸工作容积或气缸排量,用 V_h 表示。

$$V_h = \frac{\pi D^2}{4 \times 10^6} \times S$$

式中:D—气缸直径,单位为 mm;S—活塞行程,单位为 mm;V_h—气缸工作容积,单位为 L。

发动机基本术语示意图如图 3-1 所示。

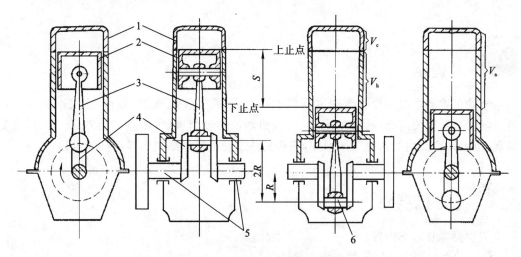

图 3-1 发动机基本术语示意图
1—气缸;2—活塞;3—连杆;4—曲柄;5—曲轴主轴颈;6—曲轴连杆轴颈

多缸发动机各缸工作容积的总和称为发动机工作容积或发动机排量,用 V_L 表示。如果发动机的气缸数为 i,则

$$V_L = V_h \cdot i$$

活塞在上止点时,活塞顶部以上的容积称为燃烧室容积,用 V_c 表示。活塞在下止点时,活塞顶部以上的容积称为气缸总容积,用 V_a 表示。

$$V_a = V_h + V_c$$

气缸总容积与燃烧室容积之比称为压缩比,用 ε 表示。

$$\varepsilon = \frac{V_a}{V_c} = \frac{V_c + V_h}{V_c} = \frac{V_c}{V_c} + \frac{V_h}{V_c} = 1 + \frac{V_h}{V_c}$$

ε 表示活塞由下止点运动到上止点时,气缸内气体被压缩的程度。压缩比 ε 越大,压缩终了时,气缸内气体的压力就越大,温度就越高。

4 四冲程汽油发动机的工作过程

 提示

本节除了重点学习四冲程汽油发动机工作过程中的进气、压缩、做功、排气这四个行程的进/排气门的开、关情况,活塞的运动方向,曲轴的转动角度,气缸内的容积、温度、压力变化情况,以及动力产生的状况等知识外,还要关注发动机简单结构中零部件的名称。

 考核要点

本节主要考查以下内容。
(1) 四冲程汽油发动机的简单组成结构。
(2) 四冲程汽油发动机工作过程中的进气、压缩、做功、排气这四个行程的进/排气门的开、关情况,活塞的运动方向,曲轴的转动角度,气缸内的容积、温度、压力变化情况,以及动力产生的状况。

本节知识点可以转变为考核题型,包括单项选择题、判断题、综合题。

 知识点

四冲程汽油发动机的活塞每运动四个冲程,完成一个工作循环。这四个冲程依次称为进气冲程、压缩冲程、做功冲程和排气冲程。

一、进气冲程

活塞由曲轴带动从上止点移动到下止点,进气门开启,排气门关闭,如图4-1(a)所示。气缸内因容积不断增大,而使气压不断下降。当气缸内气压低于大气压时,空气便经过滤清器进入进气管,与化油器供给(或喷油器喷入)的汽油混合成可燃混合气,进入气缸。

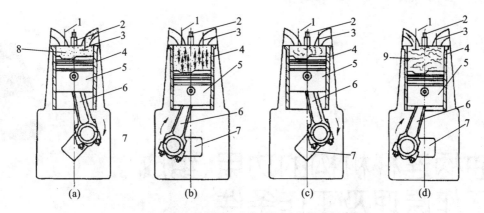

图 4-1 四冲程汽油发动机工作循环示意图
1—排气门；2—火花塞；3—进气门；4—气缸；5—活塞；6—连杆；7—曲轴；8—可燃混合气

二、压缩冲程

进气冲程结束后，活塞继续在曲轴带动下，从下止点向上止点运动，如图 4-1(b)所示，此时进气门、排气门均关闭，进入气缸的可燃混合气被压缩。活塞到达上止点后，压缩冲程结束，可燃混合气都被压缩到燃烧室中。在压缩冲程中，气体的温度、压力同时上升，并使混合气进一步均匀混合。

三、做功冲程

当压缩冲程活塞接近上止点时，火花塞产生电火花点燃混合气，并迅速燃烧，此时进气门、排气门仍然关闭，气缸内气体的温度、压力急剧上升，从而推动在上止点的活塞向下止点移动，通过连杆使曲轴旋转并输出机械能，如图 4-1(c)所示。

四、排气冲程

做功冲程接近终了时，排气门打开，进气门仍然关闭。活塞由曲轴带动，从下止点向上止点移动，废气在自身压力和活塞的挤压下，被排出气缸。当活塞到达上止点时，排气冲程结束，如图 4-1(d)所示，但在燃烧室中仍会残留少量废气无法排除。

综上所述，四冲程汽油发动机经过进气、压缩、做功和排气四个冲程，完成一个工作循环。一个接一个的工作循环维持了发动机的连续运转。活塞在上止点、下止点间每移动一个冲程，曲轴转过 180°。四冲程汽油发动机每完成一个工作循环，活塞移动四个冲程，曲轴转过两周(720°)，凸轮轴转过一圈(360°)，每个气缸的进气门、排气门各开、关一次。其中进气冲程活塞和做功冲程活塞都是由上止点移动到下止点；压缩冲程活塞和排气冲程活塞都是由下止点移动到上止点。

5

曲柄连杆机构的功用、组成、工作原理及工作条件

提示

本节介绍的曲柄连杆机构的内容比较抽象,特别是:①曲柄连杆机构的能量和运动转换;②活塞、连杆、曲轴在各行程的受力及负荷状况。下面结合发动机的工作原理进行分析。

考核要点

本节的知识点有四部分,如下。

(1) 曲柄连杆机构的功用。考核点:能量和运动转换;活塞、连杆、曲轴在发动机中运行时的运动状况。可以转变为考核题型,包括单项选择题、判断题、综合题。

(2) 曲柄连杆机构的组成。考核点:组成部分和各部分的零部件名称。可以转变为考核题型,包括单项选择题、判断题、综合题中的填图题、分组连线题。

(3) 曲柄连杆机构的工作原理。考核点:活塞、连杆、曲轴在各行程的运动类型。可以转变为考核题型,包括单项选择题、判断题、综合题中的综述题。

(4) 曲柄连杆机构的工作条件。考核点:活塞、连杆、曲轴在发动机工作时所受的温度、压力、速度和化学作用;活塞、连杆、曲轴在各行程的受力及负荷状况。

本节内容可以转换的考核题型包括单项选择题、判断题、综述题、运动状况分析题、受力分析题。

知识点

一、曲柄连杆机构的功用

曲柄连杆机构是发动机的能量和运动转换机构。将燃气作用在活塞顶上的压力转变为

5 曲柄连杆机构的功用、组成、工作原理及工作条件

能使曲轴旋转运动而对外输出的动力。

二、曲柄连杆机构的组成

曲柄连杆机构分为机体组、活塞连杆组和曲轴飞轮组等三个部分。

(1) 活塞连杆组的主要零件有活塞、油环、活塞销、连杆、定位套筒等，如图 5-1 所示。

(2) 机体组的主要零件有机油道、冷却水通路、油/气通路、气缸、上曲轴箱等，如图 5-2 所示。水冷式气缸体如图 5-3 所示。

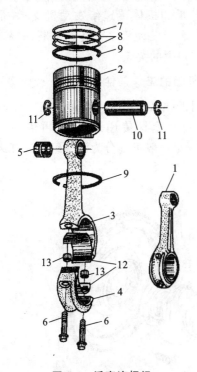

图 5-1　活塞连杆组

1—连杆组；2—活塞；3—连杆；4—连杆盖；
5—连杆衬套；6—连杆螺钉；7—第一道气环；
8—第二、三道气环；9—油环；10—活塞销；
11—活塞销卡环；12—连杆轴瓦；13—定位套筒

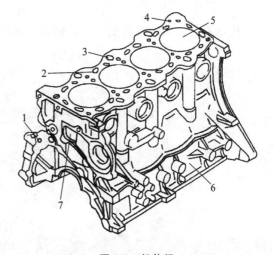

图 5-2　机体组

1—机油道；2—冷却水通路；3—油/气通路；
4—机油道；5—气缸；6—上曲轴箱

(3) 曲轴飞轮组的主要零件有曲轴、带轮、挡油片、螺栓、飞轮和扭转减振器等，如图 5-4 所示。

三、工作原理

在做功行程，把燃气推动活塞做功的直线运动转换成曲轴的旋转运动，并向外输出转矩，如图 5-5 所示；在进气、压缩和排气三个行程，把曲轴的旋转运动转换成连杆的平面运动、活塞的直线往复运动，以完成做功的准备工作。

四、工作条件

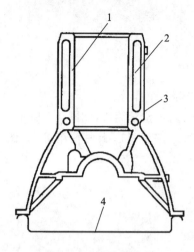

图 5-3 水冷式气缸体

1—气缸；2—水套；3—气缸体；4—油底壳

发动机工作时，曲柄连杆机构的工作条件相当恶劣，它要承受高温、高压、高速和化学腐蚀作用。所以，对曲柄连杆机构的材料与结构要求相当高。

如图 5-6 所示，作用在曲柄连杆机构上的力有气体压力和运动部件质量惯性力，往复惯性力和旋转惯性力通过主轴承和机体传递给发动机支承，是发动机振动主要来源。发动机工作是否平顺、安静，与这些力的平衡有很大的关系。

1. 活塞连杆组的工作条件

活塞连杆组的主要作用是，承受燃烧气体的压力，并将此力通过活塞销传递给连杆，再传递给曲轴，将活塞的往复运动转变为曲轴的旋转运动。活塞连杆组一般可细分为活塞组和连杆组。

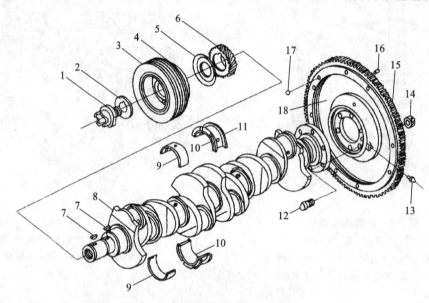

图 5-4 发动机曲轴飞轮组分解图

1—起动爪；2—起动爪锁紧垫圈；3—扭转减振器；4—带轮；5—挡油片；6—正时齿轮；7—半圆键；
8—曲轴；9—主轴承上、下轴瓦；10—中间主轴承上、下轴瓦；11—止推片；12—螺栓；13—直通式压注油杯；
14—螺母；15—齿圈；16—圆柱销；17—第一、六缸活塞压缩上止点记号用钢球；18—飞轮

活塞的主要功用是承受燃烧气体的压力，并将此力通过活塞销传递给连杆以推动曲轴旋转。此外，活塞顶部与气缸盖、气缸壁共同组成燃烧室。活塞是发动机中工作条件最严酷的零件。作用在活塞上的有气体力和往复惯性力。活塞顶与高温燃气直接接触，瞬时温度可达 2500 K 以上。因此，受热严重，散热条件又很差，所以活塞工作时温度很高，顶部高达（600～700）K，且温度分布很不均匀；活塞顶部承受气体压力很大，特别是做功行程压力最

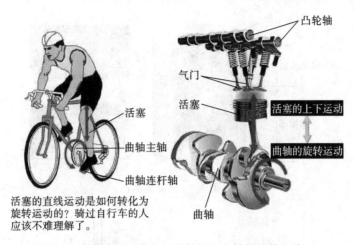

图 5-5 活塞做功的直线运动转换成曲轴的旋转运动

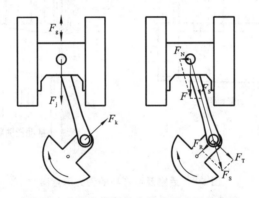

图 5-6 曲柄连杆机构中的作用力及其传递

大,汽油机压力高达 3~5 MPa,柴油机压力高达 6~9 MPa,这就使得活塞产生冲击,并承受侧压力的作用;活塞在气缸内以很快的速度(8~12 m/s)往复运动,且速度在不断地变化,这就产生了很大的惯性力,使活塞受到很大的附加载荷。活塞在侧压力的作用下沿气缸壁面高速滑动,由于活塞处于一个高速、高压和高温的恶劣条件下工作,润滑条件差,因此摩擦损失大,磨损严重。还会产生附加载荷和热应力,同时受到燃气的化学腐蚀作用。

活塞环槽以下的部分称为活塞裙部,如图 5-7 所示。其作用是引导活塞在气缸中作往复运动并承受侧压力。发动机工作时,因缸内气体压力的作用,活塞会产生弯曲变形,活塞受热后,由于活塞销处的金属多,因此其膨胀量大于其他各处,如图 5-8 所示。此外,活塞在侧压力作用下还会产生挤压变形。上述变形的综合结果使得活塞裙部断面变成长轴在活塞销方向上的椭圆。此外,由于活塞沿轴线方向的温度和质量分布不均匀,导致了各断面的热膨胀是上大下小。

连杆组的功用是将活塞承受的力传递给曲轴,再将活塞的往复运动转变为曲轴的旋转运动。连杆组在工作时受压缩、拉伸和弯曲等交变负荷,因此连杆体可能发生弯曲和扭曲变形。

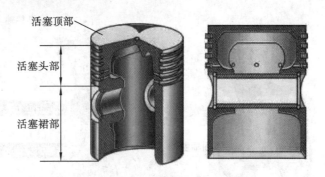

图 5-7 活塞的构造

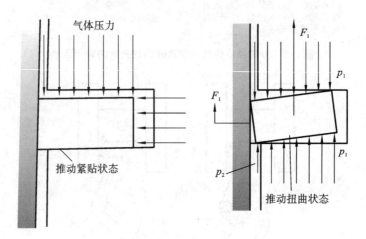

图 5-8 活塞及活塞环的受力示意图

2. 曲轴的工作条件

曲轴的功用是将活塞、连杆传递来的气体力转变为转矩,用于驱动汽车的传动系统、发动机的配气机构以及其他辅助装置。曲轴在周期性变化的气体力、惯性力及其力矩的共同作用下工作,承受弯曲和扭转交变载荷。因此,曲轴应有足够的抗弯曲、抗扭转的疲劳强度和刚度;轴颈应有足够大的承压表面和耐磨性;曲轴的质量应尽量轻;对各轴颈的润滑应该充分。为提高曲轴的疲劳强度,消除应力集中,轴颈表面应进行喷丸处理,圆角处要经过滚压处理。

3. 气缸盖的工作条件

气缸盖用来封闭气缸上部,并与气缸、活塞构成燃烧室。发动机工作时,气缸盖燃烧室壁承受高温、高压燃气所造成的热负荷及机构负荷。由于气缸盖接触燃气时间长、温度变化大,因此气缸盖承受的热负荷更为严重。气缸盖的结构因气门的布置、冷却方式以及燃烧室的形式不同而不同。气缸盖承受气体力和紧固气缸螺栓所造成的机械负荷,同时还与高温燃气接触而承受很高的热负荷。为了保证气缸的良好密封,气缸盖既不能损坏,也不能变形。为此,气缸盖应具有足够的强度和刚度。

气缸盖的工作情况如下。

(1) 气缸盖受到高温、高压燃气作用,承受很大的螺栓预紧力,导致机械应力大。

(2) 气缸盖结构复杂,温度场严重不均匀,导致热应力大,严重时会引起气缸盖出现裂纹和整体变形。

气缸盖的设计要求如下。

(1) 有足够的刚度和强度,变形小,保证密封。

(2) 合理布置燃烧室、气门、气道,保证发动机的工作性能。

(3) 工艺性良好,温度场尽量均匀,减小热应力,避免出现热裂现象。

气缸盖材料一般由优质灰铸铁或合金铸铁铸造,轿车多采用铝合金气缸盖。铝合金导热性好,利于提高发动机的压缩比。其次,铸造性能优异,适于浇铸结构复杂的零件。但必须注意铝合金气缸盖的冷却,控制温度在300℃以下。否则,底平面过热将产生塑性变形而翘曲。

4. 气缸垫的工作条件

气缸垫受到高温、高压的燃气及有压力的机油和冷却液的作用,故要求它具有足够的强度;具有不烧损、不变质的耐热、耐腐蚀能力;并具有一定的弹性和导热性能补偿接合面的不平度,以保证密封。

5. 气缸体的工作条件

气缸体的工作条件十分恶劣,要承受燃烧过程中压力和温度的急剧变化,以及活塞运动的强烈摩擦。气缸体构成发动机的骨架,是发动机各机构和各系统的安装基础。气缸体内、外安装了发动机的所有主要零件和附件,承受了各种载荷。因此,气缸体应具有以下性能。

(1) 有足够的强度和刚度,变形小,能确保各零件位置正确,运转正常,振动噪声小。

(2) 有良好的冷却性能,在气缸筒的四周有冷却水套,以便让冷却水带走热量。

(3) 耐磨,以确保气缸体有足够的使用寿命。

气缸体的上部是并列的气缸筒,目前多镶有气缸套。气缸体的下部是曲轴箱,用来安装曲轴,其外部还可安装发电机支架、发动机支架等各种附件。气缸体大多用铸铁或铝合金铸造而成,铝合金缸体的成本高,但重量轻、冷却性能好,目前已得到越来越广泛的应用。

6

曲柄连杆机构主要零部件的构造、功用及相互关系

提示

  曲柄连杆机构主要由机体组、活塞连杆组、曲轴飞轮组三部分组成。机体组由气缸体、曲轴箱、油底壳、气缸盖、气缸套和气缸垫等组成，活塞连杆组由活塞、活塞环、活塞销、连杆等组成，曲轴飞轮组由曲轴、飞轮、扭转减振器和平衡轴等组成。各主要零部件包含多种类型，如油底壳分为干式油底壳和湿式油底壳，扭转减振器分为橡胶摩擦式扭转减振器、硅油扭转减振器和硅油-橡胶扭转减振器。因此，我们要掌握每种类型的结构。

考核要点

  本节的知识点包含三大部分的内容。
  (1) 机体组部分。考核要点包括：机体组的作用；气缸体的结构（气缸体包括整体式气缸体和镶套式气缸体两种，其中镶套式气缸体又包括干式镶套式气缸体和湿式镶套式气缸体）和作用；气缸套的结构和作用；气缸盖的结构（气缸盖分为整体式、分块式和单体式三种结构）和作用；各类型燃烧室的结构；气缸垫的结构和作用；油底壳的结构和作用，湿式油底壳和干式油底壳的结构。
  (2) 活塞连杆组部分。考核要点包括：活塞的结构和主要功用；活塞环的作用和结构，包括各种断面形状气环的结构，整体式和组合式两种油环的结构；活塞销的作用，全浮式活塞销、半浮式活塞销与活塞销座孔及连杆小头连接方式的结构；连杆的作用和结构；连杆轴承的作用和结构。
  (3) 曲轴飞轮组部分。考核要点包括：曲轴的结构和作用，各组成结构的作用；曲轴主轴承的结构和作用，各组成结构的作用，止推片的作用和结构；扭转减振器的作用，各种类型扭转减振器的结构；飞轮的结构和作用。
  上述内容可以转变的考核题型包含单项选择题、判断题、综合题、综述题和填图题。

知识点

一、机体组

机体组由气缸体、气缸套、气缸盖、气缸垫和油底壳组成。

汽车发动机机体组是发动机的支架,是曲柄连杆机构、配气机构和发动机各系统主要零部件的装配机体,如图6-1所示。机体一般使用高强度灰铸铁或铝合金铸造。铝合金缸体的优点是重量轻、散热好。

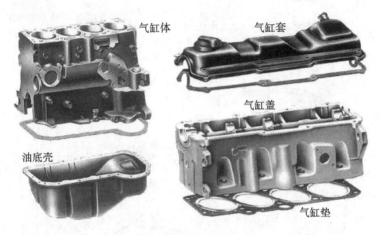

图 6-1 机体组

发动机的支承部位及支承材料直接决定了发动机的振动性质,一般通过机体和飞轮壳或变速器壳上的支承支撑在车架上。发动机的支承方法一般有三点支承和四点支承两种,如图6-2所示。有些发动机支承采用液压衬套,能极大减小发动机振动对车身的影响。

1. 气缸体与气缸套

气缸体是发动机的主体,是组装发动机各机构和系统的基础件,并由它来保持发动机各运动件相互之间的准确位置关系。它将各个气缸和曲轴箱连成一体,是安装活塞、曲轴以及其他零件和附件的支承骨架。气缸体的上半部有为引导活塞作往复运动的圆筒,称为气缸,下半部是供安装曲轴用的上曲轴箱,如图6-3所示。气缸体内、外安装着发动机的所有主要零件和附件,承受各种载荷。为了冷却气缸,在气缸体外围有容纳冷却液的水套(水冷式见图6-4)或散热片(风冷式见图6-5)。

根据所使用的材料,可将气缸体分为三类,分别是采用合金铸铁的整体式气缸体、镶嵌合金铸铁气缸套的复合式气缸体和铝合金表面镀铬或其他特殊镀层的整体式气缸体。

气缸体的形状与气缸的排列形式有关,最常见的有直列式和V形式。

发动机的气缸一般有整体式和镶套式两种形式。整体式的缸筒与缸体是一体的,与气缸盖、活塞共同形成可燃混合气压缩、燃烧膨胀的空间,对活塞运动起导向作用。气缸体的

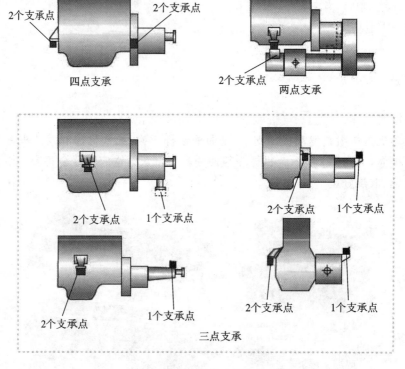

图 6-2 发动机的支承方法

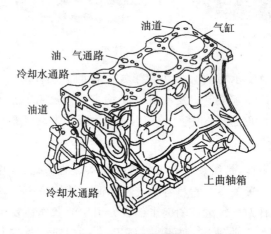

图 6-3 发动机气缸体

上半部有为引导活塞作往复运动的圆筒,称为气缸。镶套式的气缸是在气缸的相应部位镶入套筒,一般称为气缸套,简称缸套。

气缸套又分为干式气缸套和湿式气缸套两种,如图 6-6 所示。

干式气缸套装入气缸体后,其外壁不直接与冷却水接触,而与气缸体的壁面直接接触,壁厚较薄,一般为 1~3 mm。干式气缸套具有整体式气缸体的优点,强度和刚度都较好,但缺点是加工比较复杂,内、外表面都需要进行精加工,拆装不方便,散热不良。

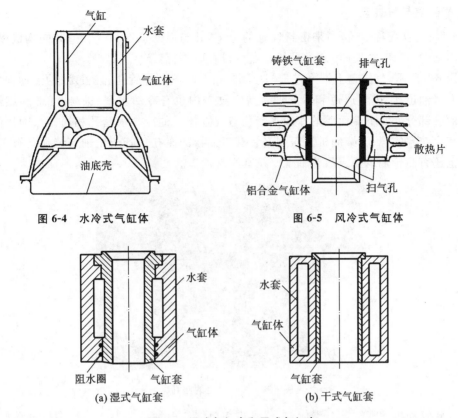

图 6-4 水冷式气缸体　　　　　图 6-5 风冷式气缸体

图 6-6 湿式气缸套和干式气缸套

湿式气缸套装入气缸体后，其外壁直接与冷却水接触，气缸套仅在上、下各有一圆环地带和气缸体接触，壁厚一般为 5～9 mm。湿式气缸套散热良好，冷却均匀，加工容易，通常只需要精加工内表面，而与水接触的外表面不需要加工，拆装方便，但缺点是强度、刚度都不如干式气缸套的好，而且容易产生漏水现象。应该采取一些防漏措施。

气缸体的类型如图 6-7 所示，大多数气缸体的材料为铸铁，也有的采用铝合金制成。缸套则全部采用合金铸铁或合金钢制造。

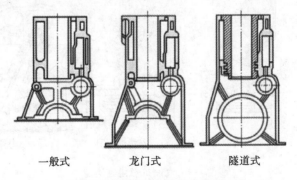

图 6-7 发动机气缸体的类型

2. 气缸盖与气缸垫

(1) 气缸盖(简称缸盖)用来密封气缸的上部,并与活塞顶部和气缸壁共同构成燃烧室,并承受高温、高压燃气的作用。常见的缸盖材料有铸铁、铝合金等。

如图 6-8 所示,气缸盖上端有进气门座、排气门座、气门导管孔、缸盖螺栓孔、通向气门摇臂轴的润滑油道孔、进气通道和排气通道等。缸盖内也有冷却水套、进/排气道和燃烧室或燃烧室的一部分。其下端面上的冷却水套孔与气缸体上的冷却水套孔相通。汽油机缸盖上还安装有火花塞的螺孔,柴油机缸盖则安装有喷油器的座孔。若凸轮轴安装在气缸盖上,则气缸盖上还有凸轮轴承孔或凸轮轴承座及其润滑油道。

图 6-8　气缸盖上的座孔

水冷式发动机的气缸盖有整体式、分块式和单体式三种结构形式。在多缸发动机中,全部气缸共用一个气缸盖的,则称该气缸盖为整体式气缸盖;若每两缸一盖或三缸一盖,则该气缸盖为分块式气缸盖;若每缸一盖,则为单体式气缸盖。风冷发动机均为单体式气缸盖。

(2) 汽油机燃烧室是由活塞顶部及缸盖上相应的凹部空间组成。汽油机常见的燃烧室形状有楔形燃烧室、盆形燃烧室和半球形燃烧室三种类型,如图 6-9 所示。少数发动机采用多球形燃烧室或篷形燃烧室。

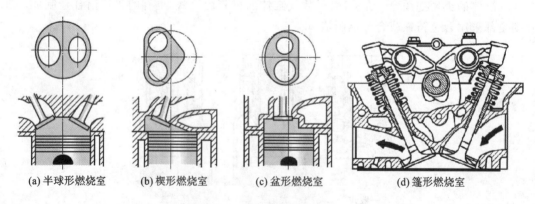

(a) 半球形燃烧室　　(b) 楔形燃烧室　　(c) 盆形燃烧室　　(d) 篷形燃烧室

图 6-9　汽油机燃烧室类型

① 盆形燃烧室的形状像一个椭圆形浴盆结构,气门与气缸轴线平行,进气道弯度较大,压缩行程终了能产生挤气涡流。要求气门头部外径与燃烧室里面之间保持 6～8 mm 的距

离,避免壁面对气流的遮蔽作用,故气门大小受到限制。其特点主要包含以下几方面。

- 燃烧室表面积与其容积之比(面容比值)较大,火焰传播距离较长,故压缩比一般不高。
- 燃烧时间延长,平均压力上升速度慢,动力性、经济性不高。
- HC排出量多,而NO_X排出量较少。
- 制造工艺好,便于维修。

②半球形燃烧室结构紧凑,火花塞布置在燃烧室中央,燃烧室表面积与其容积之比(面容比值)小,火焰行程短,故燃烧速率快,散热少,热效率高。这种燃烧室在结构上允许气门双行排列,进/排气门呈两列倾斜布置,进气口直径较大,故充气效率较高,有较大的气门直径和平直圆滑的进气通道,一般采用进气涡流,虽然配气机构变得较复杂,火焰传播距离较短,不能产生挤气涡流,但有利于排气净化,广泛应用于轿车发动机上。

③楔形燃烧室结构比较紧凑,气门相对气缸轴线倾斜,进气道比较平直,进气阻力小。压缩行程终了时能产生挤气涡流。

④多球形燃烧室由两个以上半球形凹坑组成,其结构紧凑,面容比小,火焰传播距离短,气门直径较大,气道比较平直,且能产生挤气涡流。

⑤篷形燃烧室是近年来在高性能多气门汽车发动机上广泛应用的燃烧室。

(3) 燃烧室的尺寸对发动机工作时火焰传播距离、火焰传播速度、散热损失以及充气效率均有较大的影响,为使发动机的动力性高、经济性好、燃烧正常、排气污染小等,对燃烧室的基本要求如下。

①结构紧凑,燃烧室的表面积和容积的比值应当尽量小,这样可使散热面积小,火焰传播距离短,以减小突爆的倾向,提高发动机的热效率。

②能够增大进气门的直径,这样可以减少进气阻力,增加进气量,提高发动机的转矩和功率。

③在压缩行程终了时产生挤气涡流,这可以提高混合气体的燃烧速度,使可燃混合气或空气(柴油机)产生较强的扰流,使混合气混合良好,保证可燃混合气得到充分燃烧,提高燃烧速率和燃烧效率。

(4) 气缸垫(简称缸垫)安放在气缸体和气缸盖之间,如图6-10所示。

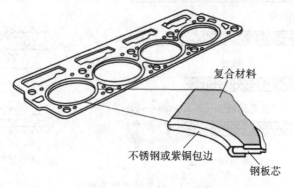

图 6-10 气缸垫的结构

由于缸体和缸盖之间不可能绝对平整,因此,就需要有气缸盖衬垫来保证气缸体与气缸盖接合面间的密封,防止高压气体、润滑油及冷却水从它们之间窜出。防止漏气、漏水和漏油。气缸垫受到高温、高压的燃气及有压力的机油和冷却液的作用,故要求它具有足够的强度,具有不烧损、不变质、耐热、耐腐蚀功能,并具有一定的弹性和导热性,以补偿接合面的不平度,保证密封。

目前应用较多的气缸垫主要有两种,即金属-石棉气缸垫金属骨架石棉垫和纯金属气缸垫。

①金属-石棉气缸垫的结构如图 6-11(a)所示,该类型的气缸垫外层为铜皮或者钢皮,内层采用夹有金属丝或者金属屑的石棉材料,以加强导热性,平衡缸体和缸盖的温度,且在缸口、水孔、油道口周围卷边加固,燃烧室孔周围有镶边以增加强度。金属材料具有很好的散热性,石棉的耐热性和弹性都较好,可以提高气缸的密封性能。安装时,应该特别注意把气缸垫光滑的一面朝向气缸体,否则容易被高压气体冲坏。金属-石棉气缸垫是目前使用最多的一种气缸垫。

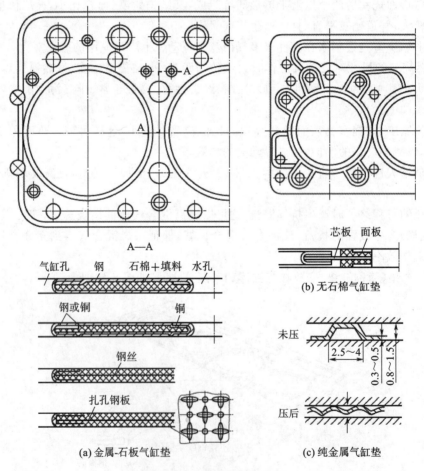

图 6-11 缸垫的类型及结构

②纯金属气缸垫的结构如图 6-11(c)所示,该类型气缸垫基本上由单层或者多层金属片

(低碳钢或铜)制造而成。为加强密封,在气缸孔、水道孔及机油孔周围冲有弹性凸纹,利用凸纹的弹性实现密封。采用纯金属气缸垫,对气缸盖和气缸体接合面要求有较高的加工精度。

3. 油底壳

油底壳位于引擎下部。油底壳是曲轴箱的下半部,又称下曲轴箱,如图6-12所示。油底壳的作用是封闭曲轴箱作为储油槽的外壳,防止杂质进入,并收集和储存由燃油机各摩擦表面流回的润滑油,散掉部分热量,防止润滑油氧化。

图 6-12　油底壳

油底壳多由薄钢板冲压而成,内部装有稳油挡板,以避免柴油机颠簸时造成的右面震荡激溅,有利于润滑油杂质的沉淀,侧面装有油尺,用来检查油量。此外,油底壳底部最低处还装有放油螺塞。

油底壳可以分为湿式油底壳和干式油底壳两种,如表6-1所示。另外需要先了解两个概念:飞溅润滑,对于发动机而言,通过曲轴的旋转将油底壳内的机油带起,并"泼到"摩擦表面实现润滑;压力润滑,机油泵将机油抽取后以一定的压力将机油送到所需的部件上实现保护作用。

表 6-1　油底壳分类

油底壳形式	湿式油底壳	干式油底壳
优势	成本低,无动力损失	润滑效果好,发动机重心低
不足	不能满足极限状态下的润滑要求,发动机重心高	成本较高,动力有部分损失

(1) 湿式油底壳。

大多数车都是湿式油底壳(见图6-13),是由于发动机的曲轴曲拐和连杆大头在曲轴每旋转一周都会浸入油底壳的润滑油内一次,起到润滑作用,同时由于曲轴的高速运转,曲拐每次高速浸入油池内都会激起一定的油花和油雾,对曲轴和轴瓦进行润滑,称之为飞溅润滑。这样对润滑油在油底壳内的液面高度有了一定的要求,如果太低,曲轴曲拐和连杆大头不能浸入润滑油内,导致曲轴和连杆以及轴瓦缺少润滑;如果润滑油液面太高,又会导致轴承整个浸入,使曲轴的旋转阻力增大,最终导致发动机性能下降,同时润滑油容易进入气缸燃烧室内,导致发动机烧机油,火花塞积炭等问题。

图6-13中,画框区域是湿式油底壳的位置,这种润滑方式结构简单,不需另设机油箱,但车辆工作的倾斜度不可过大,否则会因断油、漏油而引发烧瓦拉缸事故。

图 6-13 湿式油底壳

(2) 干式油底壳。

干式油底壳没有在油底壳中储存机油,准确来说是没有油底壳。在曲轴箱的这些摩擦表面都是通过一个个量孔压出机油进行润滑,如图 6-14 所示。由于取消了油底壳,所以发动机的高度也随之降低。重心降低所带来的好处就是有利于操控。

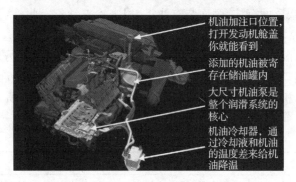

图 6-14 干式油底壳结构及组成

由于润滑油的压力全部来源于机油泵。机油泵动力则是通过曲轴的转动与齿轮连接而来。虽然需要用机油泵来为凸轮轴提供压力润滑,但压力很小,机油泵需要的动力也很小。然而,在干式油底壳的发动机中,这种压力润滑的强度要大很多,而且机油泵的尺寸也要比湿式油底壳发动机的机油泵大很多。所以,此时机油泵需要的动力更大。机油泵需要消耗掉发动机的一部分动力。尤其是在高转速的时候,发动机转速增加,摩擦部件的运动强度也增加,需要的润滑机油也多,所以需要机油泵提供更大的压力,对于曲轴动力的消耗也就加剧了。

由于干式油底壳需要额外部件,同时润滑油路内是高压的,所以导致其制造、使用成本比湿式油底壳高了很多,同时结构也更复杂。

二、活塞连杆组

活塞连杆组由活塞、活塞环、活塞销、连杆和连杆轴瓦等主要机件组成。

1. 活塞

活塞的主要功用是与气缸盖、气缸壁等共同组成燃烧室,承受气缸中气体压力并通过活塞销和连杆传给曲轴。

活塞受到高温、高压、巨大惯性力、交变载荷和热应力的作用,工作条件极为恶劣。所以要求活塞应有足够的强度和刚度,质量尽可能轻,导热性、耐热性和耐磨性要好,温度变化时尺寸和形状的变化要小。

活塞是用铝合金材料制成的。活塞的基本结构可分为活塞顶部、活塞环槽部和活塞裙部三部分,如图 6-15 所示。其中顶部和环槽部也称头部。活塞的环槽部切有若干道用以安装活塞环的环槽。环槽与活塞环一起实现气缸的密封,并将活塞的热量通过活塞环散发到气缸壁。汽油机活塞一般有 3~4 道环槽,其中最下面的一道是油环槽,其余的是气环槽。活塞的裙部是指自油环槽下端面起至活塞底面的部分。其作用是为活塞在气缸内作往复运动和承受侧压力。为了使活塞在工作温度下与气缸壁间保持均匀的间隙,以免在气缸内卡死或引起局部磨损,所以活塞裙部断面制成长轴垂直于活塞销座孔轴线方向的椭圆形,而不是圆形。在裙部制有活塞销座孔,用于安装活塞销。

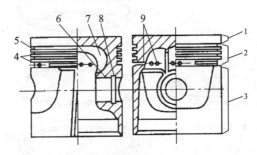

图 6-15 活塞

1—顶部;2—环槽部;3—裙部;4—环岸;5—环槽;6—销座;7—加强筋;8—卡环槽;9—泄油孔及泄油槽

2. 活塞环

活塞环分为气环和油环两类,如图 6-16 所示。活塞环起密封、散热、刮油和布油的作用。其中气环的主要作用是密封和散热;油环的主要作用是刮油和布油。

汽油机有三道活塞环,其中上面的两道是气环,下面的一道是油环。

活塞环装入气缸后,其两端之间应有端隙(开口间隙);与环槽间应有侧隙与背隙。

气环的断面形状有多种,如图 6-17 所示。为了加强

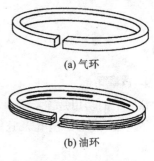

图 6-16 活塞环

密封、加速磨合、减小泵油及改善润滑,发动机广泛采用了非矩形断面的扭曲环。扭曲环是

在矩形环的内圆上边缘或外圆下边缘切槽或倒角而成。将这种环装入气缸后，由于环的弹性内力不对称而产生断面倾斜，使环发生扭曲。环的外圆下端压紧缸壁，外圆上端与内圆下端与环槽的上、下端面压紧，防止活塞环在环槽内的上、下窜动而造成的泵油作用，同时还有利于密封和磨合，活塞下行时还有利于刮油。

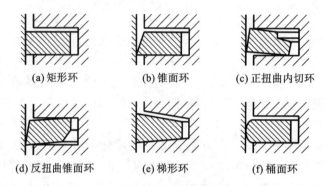

图 6-17　气环的断面形状

常见的油环有整体式油环和组合式油环两种结构，如图 6-18 所示，目前广泛应用的是组合式油环。组合式油环一般由三个刮油钢片和两个弹性衬环组成，轴向衬环夹装在第二、三刮油钢片之间，径向衬环使三片刮油钢片压紧在气缸壁上。

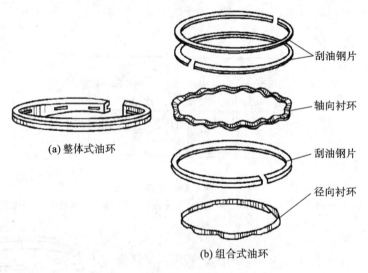

图 6-18　油环

3. 活塞销

活塞销的功用是连接活塞与连杆，并在二者之间起到传力的作用。活塞销为空心圆柱体。活塞销、活塞销座孔及连杆小头的连接方式有全浮式和半浮式两种方式，如图 6-19 所示。

6 曲柄连杆机构主要零部件的构造、功用及相互关系

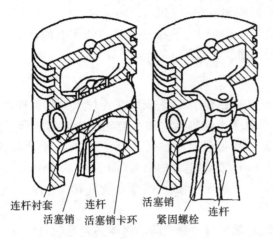

图 6-19 活塞销的连接方式

（1）全浮式。

发动机在正常的工作温度时，活塞销能在连杆衬套孔和活塞销座孔中自由转动，以使活塞销外表面的磨损比较均匀。采用全浮式连接的活塞，在活塞销座孔两端安装有卡环，以防活塞销窜出划伤缸壁。

（2）半浮式。

活塞销在连杆小头孔内为固定不动的过盈配合，在销座孔内为可以活动的间隙配合。这种连接方式节省了连杆小头衬套和活塞销座孔两端的卡环。

4. 连杆

连杆用于连接活塞与曲轴，并在二者之间起到传力和转换运动的作用。连杆组件主要由连杆小头、杆身和连杆大头（包括连杆盖）三部分组成，如图 6-20 所示。

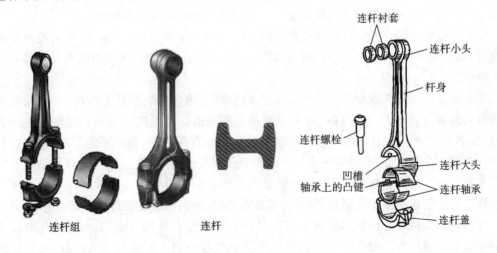

图 6-20 连杆组件

连杆小头为安装活塞销或连杆衬套（全浮式）的圆形座孔。杆身为工字形断面结构。连杆大头为可分开的圆孔，与杆身分开的部分叫连杆盖。两部分用连杆螺栓连接。连杆盖与

连杆组合后有镗的孔,在同侧刻有配对记号,以防装错。连杆大头孔内安装有上、下两片连杆轴承,在连杆大头孔内同一侧的上、下各有一个与轴承上的凸键配合的连杆轴承定位凹槽,以防轴承转动和轴向窜动。

5. 连杆轴承

连杆轴承俗称连杆轴瓦或连杆小瓦,它安装在连杆大头和连杆盖上,是一种被剖分成两半的滑动轴承。连杆轴承属于滑动轴承。轴瓦与轴颈构成高速运动副,而且要承受交变的冲击负荷,活塞、连杆受的力要通过连杆轴瓦传给连杆轴颈,推动曲柄绕主轴颈中心旋转运动。连杆轴承是在厚 1～3 mm 的薄钢背的内圆面上浇铸 0.3～0.7 mm 厚的减摩合金层(如巴氏合金、铜铅合金、高锡铝合金等)而成。减摩合金具有保持油膜、减小摩擦力和加速磨合的作用。

由于运动速度快,所以,轴瓦与轴颈之间的间隙必须是油膜润滑,以减小摩擦系数,减少磨损。同时,此油膜不能只有一般黏度,必须有一定的油膜刚度。否则,在高交变冲击载荷下,油很快被挤出,使之成边界摩擦或干摩擦,轴瓦和轴颈很快被磨损或拉伤,发出异响。因此,要形成一定刚度的油膜,必须强力润滑,避免轴瓦与轴颈之间在任何转速、任何负荷的过程中直接接触。

三、曲轴飞轮组

曲轴飞轮组主要由曲轴、主轴承、飞轮、扭转减振器、皮带轮、正时齿轮(或正时链轮或正时皮带轮)、齿圈、起动爪、其他零件和附件组成,如图 6-21(a)、(b)所示。

1. 曲轴

曲轴的主要作用是,将活塞连杆组传来的燃气压力转变为转矩并对外输出,另外驱动发动机的配气机构和发电机等其他辅助装置。曲轴是发动机中最重要的部件。

曲轴由曲轴前端、主轴颈、连杆轴颈(曲柄销)、曲柄(曲柄臂)及平衡重(有的没有单独的平衡重)和曲轴后端、曲拐单元等构成,如图 6-22 所示。连杆轴颈、两端的曲柄及主轴颈构成一个曲拐。

主轴颈是曲轴的支承点。在主轴颈和连杆轴颈之间通过润滑油道相通,由主油道的压力机油通向各主轴承进行润滑后,再由主轴颈上的油道孔流到连杆轴颈与主轴承之间进行润滑,如图 6-23 所示。有的曲轴在曲柄靠主轴颈一侧有平衡重,用来平衡连杆大头、连杆颈和曲柄等产生的离心力,有时还为了平衡部分往复惯性力,以使发动机运转平稳。曲轴前端安装有驱动配气凸轮轴的正时齿轮、驱动风扇和水泵的带轮等。曲轴后端安装有飞轮用的凸缘。为了防止机油向后漏出,常采用甩油盘、油封及回油螺纹等封油装置。

在曲轴的曲柄臂上设置的平衡重只能平衡旋转惯性力及其力矩,而往复惯性力及其力矩的平衡则需采用专门的平衡机构。发动机往复惯性力的平衡状况与气缸数、气缸排列形式及曲拐布置形式等因素有关。

2. 主轴承

主轴承的构造基本与连杆轴承相同,不同点是:为了向连杆轴承输送润滑油,在主轴承

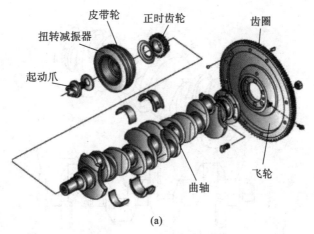

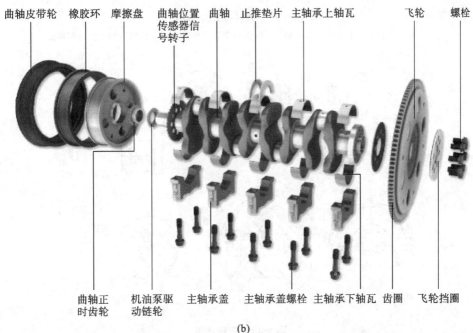

图 6-21 曲轴飞轮组的组成

内表面开有油槽和通油孔,主轴承能不间断地向连杆轴承供给润滑油。汽车的曲轴轴瓦通常采用钢背+减磨合金的结构,如图 6-24 所示。减磨合金常用的有巴氏合金、铜基合金、铝基合金三大类。

巴氏合金分为锡基与铅基两类。巴氏合金疲劳强度低,耐热性差及工作温度较低,一般用于强化程度较低的汽油机。铜基合金分为铅青铜合金和铜铅合金两类。铝基合金分为高锡合金和低锡合金两类,铝基合金目前在内燃机曲轴轴瓦中应用最广泛。

如图 6-25 所示,主轴承属于滑动轴承,轴瓦与轴颈构成高速运动副,由于运动速度快,所以,轴瓦与轴颈之间的间隙必须是油膜润滑,以减小摩擦系数和减少磨损。同时,油膜不能只有一般黏度,必须有一定的油膜刚度。否则,在高交变冲击载荷下,油很快被挤出,使之成

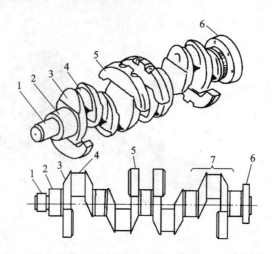

图 6-22 曲轴各部分名称

1—曲轴前端；2—主轴颈；3—曲柄臂；4—曲柄销；5—平衡重；6—曲轴后端；7—曲拐单元

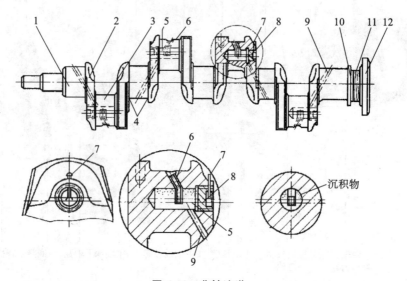

图 6-23 曲轴油道

1—主轴颈；2—曲柄；3—连杆轴颈；4—圆角；5—积污腔；6—吸油管；7—开口销；
8—螺塞；9—油道；10—挡油盘；11—回油螺纹；12—后端凸缘

为边界摩擦或干摩擦，轴瓦和轴颈很快被磨损或拉伤，发出异响。因此，要形成一定刚度的油膜，必须有强力润滑，避免轴瓦与轴颈之间在任何转速、任何负荷的工作过程中直接接触。

汽车行驶中，当踩离合器或紧急制动时，曲轴受到轴向力的影响，而有轴向窜动的可能。曲轴的轴向窜动会破坏曲柄连杆机构各零件的正确相对位置，故必须用止推片或将主轴承制成翻边轴瓦加以限制。而当曲轴受热膨胀时，又应允许曲轴能自由伸长，所以曲轴上只能有一处设置轴向定位装置。

止推片的形式一般有两种：一种是利用翻边轴承上的翻边部分作止推片（多层推力轴承），如图 6-26 所示；另一种是特制的一面具有减磨合金层的滑动止推轴承，如图 6-27 所示。

图 6-24 曲轴轴瓦结构

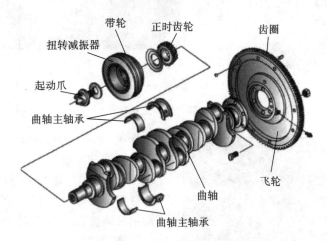

图 6-25 主轴承的安装位置

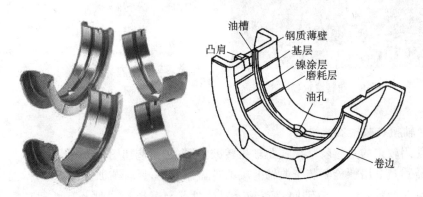

图 6-26 翻边止推轴承

3. 扭转减振器

发动机运转时,经连杆传给连杆轴颈的扭转外力的大小和方向都是周期性变化的,这会引起曲轴的转速发生忽快忽慢的周期性变化;而固装在曲轴上的飞轮转动惯量很大,其转速基本上可看作是均匀的。这样,曲轴便会发生扭转变形,形成相对于飞轮的扭转摆动,这就是曲轴的扭转振动。当曲轴的扭转振动频率与曲轴自振频率为整数倍关系时,还会出现共

图 6-27 滑动止推轴承

图 6-28 扭转减振器

振现象,此时曲轴扭转振动会因共振而加剧。这会引起功率损失、正时齿轮或链条磨损增加,共振严重时甚至会将曲轴扭断。扭转减振器可分为橡胶摩擦式曲轴扭转减振器、硅油扭转减振器和硅油-橡胶扭转减振器,如图 6-28 所示。

(1) 扭转减振器的功能包含以下三个方面。

① 消减曲轴扭转振动,延长曲轴的疲劳寿命,减小应力。

② 传递扭矩,衰减扭矩波动。

③ 减少整车的振动、噪音。

(2) 曲轴扭转减振器的构造。

目前使用较多的是橡胶摩擦式曲轴扭转减振器,其构造如图 6-29 所示。

减振器圆盘 3 用螺栓固装于曲轴前端的带盘垫 6 上,后者与曲轴前端的螺栓紧固,因此,减振器圆盘 3 与带轮毂 2、曲轴同步转动。惯性盘 5 与减振器圆盘 3 有了相对角振动,橡胶垫 4 的扭转变形消耗了扭转振动能量,振幅减小。

减振器壳体与曲轴连接,减振器壳体与扭转振动惯性质量黏结在硫化橡胶层上。发动机工作时,减振器壳体与曲轴一起振动,由于惯性,质量滞后于减振器壳体,因此在两者之间产生相对运动,使橡胶层来回揉搓,振动能量被橡胶的内摩擦阻尼吸收,从而使曲轴的扭振得以消减。橡胶摩擦式曲轴扭转减振器结构简单,工作可靠,制造容易,广泛应用于汽车上;但其阻尼作用小,橡胶容易老化,故在大功率发动机上较少应用。

硅油扭转减振器是由钢板冲压而成的减振器壳体与曲轴连接,如图 6-30 所示。侧盖与

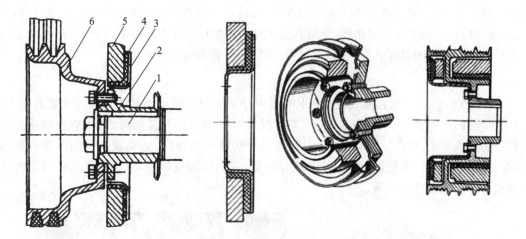

图 6-29 橡胶摩擦式曲轴扭转减振器
1—曲轴前端;2—带轮毂;3—减振器圆盘;4—橡胶垫;5—惯性盘;6—带盘垫

减振器壳体组成封闭腔,其中滑套着扭转振动惯性质量。惯性质量与封闭腔之间留有一定的间隙,里面充满高黏度的硅油。当发动机工作时,减振器壳体与曲轴一起旋转、振动,惯性质量则被硅油的黏性摩擦阻尼和衬套的摩擦力所带动。由于惯性质量相当大,因此它近似作匀速转动,于是在惯性质量与减振器壳体间产生相对运动。曲轴的振动能量被硅油的内摩擦阻尼吸收,使扭振消除或减轻。硅油扭转减振器减振效果好,性能稳定,工作可靠,结构简单,维修方便,所以普遍应用于汽车发动机上;但它需要良好的密封和较大的惯性质量,致使减振器尺寸较大。

硅油-橡胶扭转减振器的构造如图 6-31 所示。

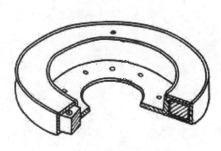

图 6-30 硅油扭转减振器

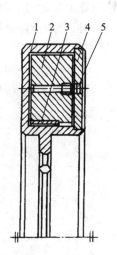

图 6-31 硅油-橡胶扭转减振器
1—密封外壳;2—减振体;3—衬套;
4—侧盖;5—注油螺塞孔

硅油-橡胶扭转减振器中的橡胶环主要作为弹性体,用来密封硅油和支承惯性质量。减振体 2 浮动地安装在密封外壳 1 中,两者之间间隙很小,其中充满高黏度的有机硅油。当曲轴发生扭转振动时,带着密封外壳1一起振动,而转动惯量较大的减振体2基本上是匀速转动的,于是两者之间发生相对滑动,使硅油受剪切,摩擦生热而消耗振动的能量,从而减小扭转振幅。摩擦使硅油温度升高,黏度下降,对曲轴的扭振衰减作用减弱。

4. 飞轮

如图6-32所示,飞轮在曲轴连杆机构中是一个具有很大转动惯量的部件。飞轮的作用:储存做功行程的能量,用于克服进气、压缩和排气行程的阻力及其他阻力;缓解曲轴在运动过程中受到的冲击,使曲轴能均匀地旋转;飞轮外缘压有齿圈,与启动发电机的驱动齿轮啮合,在发动机启动时,飞轮齿圈与启动机齿轮啮合,带动曲轴旋转启动;同时飞轮还可以利用本身惯性防止发动机熄火等。

图6-32 飞轮

汽车离合器也安装在飞轮上,利用飞轮后端面作为驱动件的摩擦面,对外传递动力。

在飞轮轮缘上做记号(刻线或销孔),以供查找第一缸压缩上止点。当飞轮上的记号与外壳上的记号对正时,正好是压缩上止点。还有进/排气相位记号、供油(柴油机)或点火(汽油机)记号供安装和修理用。

制造时,飞轮与曲轴一起进行过动平衡实验,拆装时应严格按照相对位置安装。飞轮紧固螺钉承受的作用力大,应按照规定力矩和正确方法拧紧。

7 汽油发动机机体组、曲轴飞轮组主要零部件的构造和功用

提示

本节的考点是汽油发动机机体组、曲轴飞轮组主要零部件的构造和功用。汽油发动机的机体结构多样,例如:按排列形式有 L 型、V 型和水平对置式等;按气缸结构形式分为无气缸套和有气缸套两种。气缸套按发动机的冷却形式,又分为风冷发动机气缸套和水冷发动机气缸套;水冷发动机气缸套按背部是否与冷却液接触可分为干式气缸套和湿气气缸套两种,风冷发动机均为单体式气缸盖;按曲轴箱结构形式有平底式、龙门式和隧道式。气缸盖的构造受多种因素,如每缸气门数、凸轮轴的位置、冷却方式、进/排气道及燃烧室形状等的影响。因此,要充分认识、掌握各种结构、类型汽油发动机机体组、曲轴飞轮组主要零部件的构造和功用。

考核要点

汽油发动机机体组的考核要点如下。
(1) 汽油发动机机体组的功用及组成。
(2) 汽油发动机机体的构造,包括气缸排列形式、气缸结构形式和曲轴箱结构形式。
(3) 气缸盖包括水冷发动机的气缸盖、风冷发动机的气缸盖、整体式气缸盖、分块式气缸盖和单体式气缸盖等。汽油机燃烧室的形式。
(4) 气缸衬垫的功用、分类及结构。
(5) 油底壳的功用及其各部位的构造。
(6) 发动机的三点支承和四点支承。
曲轴飞轮组的考核要求如下。
(1) 曲轴的功用;整体式曲轴和组合式曲轴的构造;全支承曲轴和非全支承曲轴的构造;曲轴油道的构造;曲柄臂的构造和功用;曲轴平衡重的构造和功用;曲拐布置原则。

(2) 曲轴前端、曲轴后端密封的构造和作用,包括曲轴前端的甩油盘和橡胶油封,曲轴后端的自紧式橡胶油封和回油螺纹。

(3) 曲轴扭转减振器的作用；橡胶扭转减振器、硅油扭转减振器和硅油-橡胶扭转减振器的构造。

(4) 飞轮的构造及其各部位的作用。

(5) 汽车发动机连杆轴承、主轴承和曲轴止推轴承的结构和作用。

上述内容可转变的考核题型包括单项选择题、判断题、综述题、填图题。

 知识点

一、汽油发动机机体组

1. 机体组的功用及组成

现代汽车发动机机体组主要由机体、气缸盖、气缸盖罩、气缸衬垫、主轴承盖等组成,如图 7-1 所示。镶气缸套的发动机,机体组还包括干式或湿式气缸套。

机体组是发动机的支架,是曲柄连杆机构、配气机构和发动机各系统主要零部件的装配基体。气缸盖用来封闭气缸顶部,并与活塞顶和气缸壁一起形成燃烧室。另外,气缸盖和机体内的水套是冷却系统的组成部分,油道和油底壳是润滑系统的组成部分。

2. 机体

(1) 机体的构造。

机体是气缸体与曲轴箱的连铸体。绝大多数水冷发动机的气缸体与曲轴箱连在一起,而且多缸发动机的各个气缸也合铸成一个整体,如图 7-2 所示。风冷发动机几乎都是将气缸体与曲轴箱分别铸制,而且气缸体是单体的,如图 7-3 所示。

机体是结构极为复杂的箱形零件,其大部分壁厚均为铸造工艺许用的最小壁厚。在机体侧壁和前后壁的内、外表面以及缸间横隔板上均有加强肋,旨在减轻机体的质量,同时,保证机体有足够的强度和刚度。在机体的前、后壁和缸间横隔板上铸有支承曲轴的主轴承座或主轴承座孔,以及满足润滑需要的纵、横油道。在水冷发动机气缸的外壁铸有冷却水套和布水室,以加强散热。

(2) 机体的构造与气缸排列形式、气缸结构形式和曲轴箱结构形式有关。

①气缸排列形式有三种：直列式气缸排列、V型气缸排列和水平对置式气缸排列。

直列式气缸排列是指各气缸排成一直列的形式,如图 7-4 所示。直列式气缸排列的特点是,机体的宽度窄,而高度高和长度长,一般只用于六缸以下的发动机。通常把采用直列式气缸排列的发动机称为直列式发动机。六缸直列式发动机的平衡性最好,发动机工作时不产生振动。

V型气缸排列是指两列气缸排列成V形的形式,如图 7-5 所示。采用这种气缸排列的发动机称为V型发动机。目前有V4、V6、V8、V10、V12和V16等机型。V型发动机的机体

7 汽油发动机机体组、曲轴飞轮组主要零部件的构造和功用

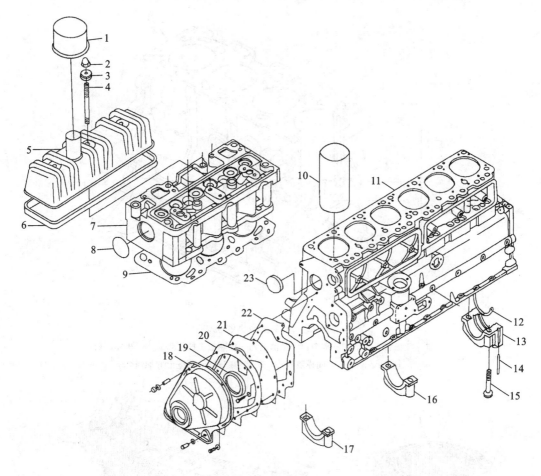

图 7-1 机体组

1—曲轴箱通风管盖；2—螺母；3—垫片；4—螺柱；5—气缸盖罩；6—密封垫；7—气缸盖；8、23—水堵(碗形塞)；9—气缸衬垫；10—干式气缸套；11—机体；12、14—密封条；13、16、17—后、中间、前主轴承盖；15—主轴承螺栓；18—定时齿轮室盖；19—曲轴前油封；20、22—衬垫；21—垫板

宽度宽，而长度长和高度低，形状比较复杂。但机体的刚度大，质量较轻和外形尺寸较小。

水平对置式气缸排列是指两列气缸水平相对排列。采用这种气缸排列的发动机称为水平对置式发动机。水平对置式气缸排列的优点是重心低，而且水平对置式发动机的平衡性好。水平对置式发动机机体由左、右两个机体用螺栓紧固在一起，如图 7-6 所示。

②气缸结构：气缸内表面由于受高温、高压燃气的作用并与高速运动的活塞接触，所以极易磨损。为了提高气缸的耐磨性和延长气缸的使用寿命，因此采用不同的气缸结构和表面处理方法。气缸结构也有三种，即无气缸套式、干气缸套式和湿气缸套式。

无气缸套式机体即不镶嵌任何气缸套的机体，在机体上直接加工出气缸，如图 7-7 所示。其优点是可以缩短气缸中心距，从而使机体的尺寸减小和质量减轻。另外，机体的刚度大，工艺性好。其缺点是，为了保证气缸的耐磨性，整个铸铁机体必须使用耐磨的合金铸铁制造，这既浪费了贵重的材料，又提升了制造成本。气缸内表面经过衍磨加工成深度为 4~6.5 μm 的网纹，以改善气缸的润滑性和磨合性。

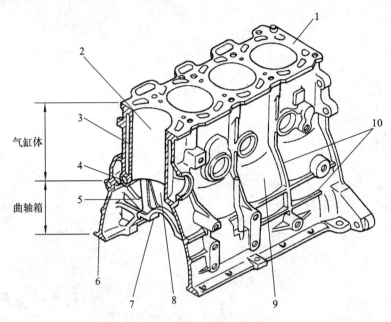

图 7-2 水冷发动机的机体

1—机体顶面；2—气缸；3—水套；4—主油道；5—横隔板上的加强肋；6—机体底面；
7—主轴承座；8—缸间横隔板；9—机体侧壁；10—侧壁上的加强肋

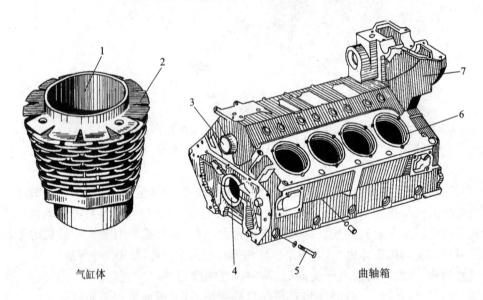

图 7-3 风冷发动机的气缸体与曲轴箱

1—气缸；2—散热片；3—凸轮轴孔；4—主轴承孔；5—主轴承盖横向紧固螺栓；
6—气缸体安装孔；7—定时传动室

无气缸套式铝合金机体，在气缸内表面进行多孔镀铬，以提高其耐磨性。目前只有几种发动机采用这种结构。

干气缸套式机体是在一般灰铸铁机体的气缸套座孔内压入或装入干式气缸套，如图 7-8

7 汽油发动机机体组、曲轴飞轮组主要零部件的构造和功用

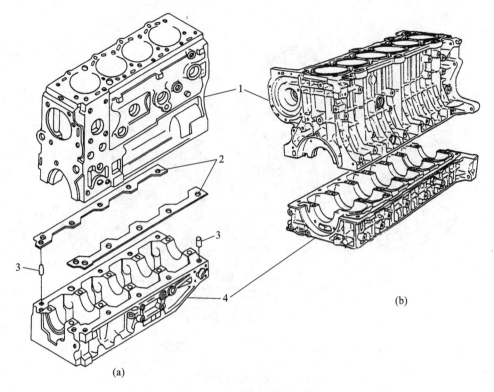

图 7-4　直列式发动机机体
1—机体；2—密封垫；3—定位销；4—梯形梁

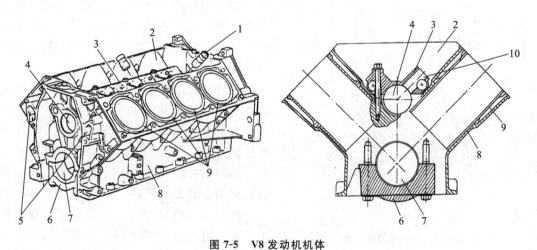

图 7-5　V8 发动机机体
1—挺柱；2—推杆室；3—挺柱支架；4—凸轮轴承孔；5—进水口；6—主轴承盖；
7—主轴承孔；8—铝合金机体；9—湿式气缸套；10—挺柱孔

所示。干气缸套式不与冷却液接触。使用合金铸铁离心铸造的干式气缸套壁厚为 2～3 mm，而精密拉伸的钢制气缸套壁厚仅为 1.0～1.5 mm。干气缸套式的外圆表面和气缸套座孔内表面均需要精加工，以保证必要的形位精度和便于拆装。气缸套与气缸套座孔现在多采用动配合。

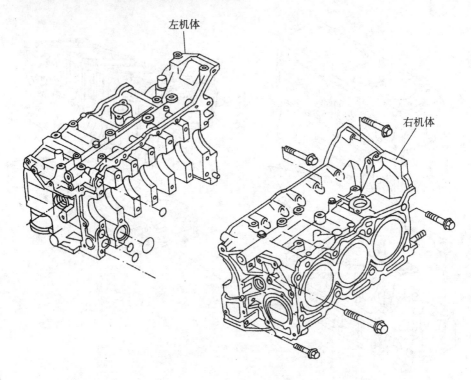

图 7-6 水平对置式发动机机体

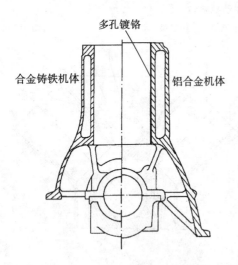

图 7-7 无气缸套式机体

干气缸套式铝合金机体则是将合金铸铁气缸套与铝合金机体铸在一起。干气缸套式的优点是机体刚度大，气缸中心距小，质量轻和加工工艺简单。其缺点是传热性较差，温度分布不均匀，容易发生局部变形。

湿气缸套式机体如图 7-9 所示，其气缸套外壁与冷却液直接接触。使用合金铸铁制造的湿气缸套的壁厚一般为 5~8 mm。利用湿气缸套的上、下定位环带 A、B 实现其径向定位，而轴向定位一般是靠气缸套上部凸缘与机体顶部相应的支承面 C 实现的，如图 7-9(a)所示。湿气缸套轴向定位支承面可以设在机体的不同高度上，如图 7-9(b)、(c)所示，而且支承面越低，对气缸套上部和活塞的冷却越有利。湿气缸套下部用 1—3 道耐热耐油的橡胶密封圈进行密封，防止冷却液泄漏。密封圈既可安装在气缸套下定位环带上的环形槽内(见图 7-9(a))，也可安装在机体上的导向定位孔的环形槽内(见图 7-9(b)、(c))。湿气缸套上部的密封是利用气缸套装入机体后，气缸套顶面高出机体顶面 0.05~0.15 mm。这样，在拧紧气缸盖螺栓时，大部分压紧力作用在气缸套凸缘上，使其与气缸盖衬垫和机体支承面贴合得非常紧密，起到防止气缸漏气和水套漏水的作

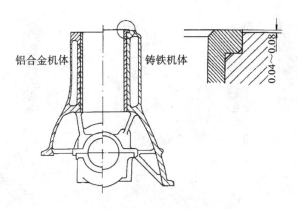

图 7-8 干气缸套式机体

用。湿气缸套式机体的优点是,机体上没有封闭的水套,容易铸造,传热性好,温度分布比较均匀,修理方便,不需要将发动机从汽车上拆下来就可以更换气缸套。其缺点是机体刚度差,容易漏水。

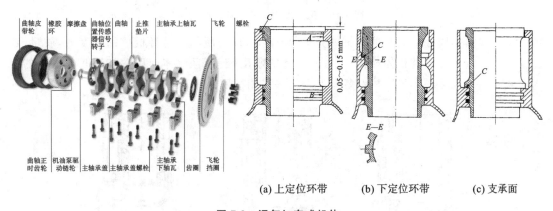

图 7-9 湿气缸套式机体

湿气缸套式机体广泛应用于汽车柴油机上,也有部分汽油机采用铸铁湿气缸套式铝合金机体。

风冷发动机气缸体结构如图 7-10 所示。由于金属对空气的换热系数仅是金属对水的换热系数的 1/33。因此,必须在风冷气缸的外壁铸制散热片,以增加散热面积,提升散热能力。图 7-10(a)所示的是风冷发动机的高磷铸铁单金属气缸体的结构。气缸体上共有 28 排散热片,上边 5 排散热片不带缺口,以增加气缸体上部的刚度;其余各排散热片均带缺口,每排有 6 个缺口,各排散热片的缺口相互错开 30°,以增强冷却空气的紊流,提高散热效果。图 7-10(b)所示的是风冷发动机的双金属气缸体结构。气缸由球墨铸铁铸造,外表面经过加工后渗铝,再铸上铝合金散热片。散热片经过机械加工后,厚度为 2.5 mm,高为 24 mm,散热片中心距为 7 mm。为了增强散热效果,可以采用气缸内表面为多孔镀铬的全铝气缸体。

③按曲轴箱结构的不同,机体可分为平底式机体、龙门式机体和隧道式机体三种。

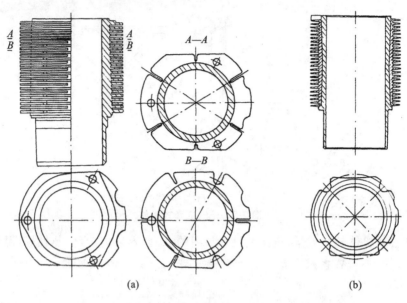

图 7-10 风冷发动机气缸体的结构

平底式机体的底平面与曲轴轴线齐平,如图 7-11(a)所示。这种机体的高度低,质量轻,加工方便。与另外两种机体相比,平底式机体的刚度较差,且机体前后端与油底壳之间的密封比较复杂。通常轿车发动机和货车发动机多采用平底式机体。

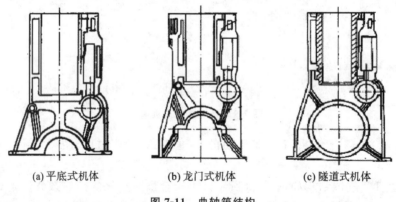

(a) 平底式机体　　(b) 龙门式机体　　(c) 隧道式机体

图 7-11　曲轴箱结构

龙门式机体是指底平面下沉到曲轴轴线以下的机体,如图 7-11(b)所示。机体平面到曲轴轴线的距离称为龙门高度。龙门式机体由于高度增加,所以其弯曲刚度和扭转刚度比平底式机体的有明显提高。龙门式机体的底平面与油底壳之间的密封也比较简单。

隧道式机体是指主轴承孔不进行剖分,如图 7-11(c)所示。这种机体配以窄型滚动轴承,可以缩短机体长度。隧道式机体的刚度大,主轴承孔的同轴度好,但是,由于大直径滚动轴承的圆周速度不快,而且滚动轴承价格较贵,因此限制了隧道式机体在高速发动机上的应用。

3. 气缸盖

(1) 气缸盖的工作条件及要求。气缸盖承受了气体力和紧固气缸盖螺栓所造成的机械负荷，同时，由于与高温燃气接触，所以承受了很高的热负荷。为了保证气缸的良好密封性，气缸盖既不能损坏，也不能变形。为此，气缸盖应具有足够的强度和刚度。为了使气缸盖的温度分布尽可能地均匀，应避免进气门座、排气门座之间发热而出现裂纹，因此应对气缸盖进行良好的冷却。

（2）气缸盖构造。气缸盖一般由优质灰铸铁或合金铸铁铸造。首先，铝合金导热性好，因此有利于提高发动机的压缩比。其次，由于铸造性能好，所以适用于浇铸结构复杂的零件。但必须注意铝合金气缸盖的冷却，应控制其底平面的温度在300℃以下。否则，底平面一旦过热，将会产生塑性变形而翘曲。

气缸盖是结构复杂的箱形零件。其上加工有进气门座孔、排气门座孔、气门导管孔，火花塞安装孔（汽油机）或喷油器安装孔（柴油机）。在气缸盖内还铸有水套、进排气道和燃烧室或燃烧室的一部分。若凸轮轴安装在气缸盖上，则气缸盖上还加工有凸轮轴承孔或凸轮轴承座及润滑油道。

显然，气缸盖的构造受许多因素的影响，如每缸气门数、凸轮轴的位置、冷却方式、进排气道及燃烧室形状等。

水冷发动机的气缸盖有整体式气缸盖、分块式气缸盖和单体式气缸盖三种结构。在多缸发动机中，全部气缸共用一个气缸盖的，则称该气缸盖为整体式气缸盖，如图 7-12(a)、(b)所示；若每两缸一盖或三缸一盖，则称该气缸盖为分块式气缸盖，如图 7-12(c)所示；若每缸一盖，则称该气缸盖为单体式气缸盖，如图 7-12(d)所示。

风冷发动机均为单体式气缸盖，如图 7-12(e)所示。

整体式气缸盖的结构紧凑，可缩短气缸中心距。当气缸直径小于 105 mm，气缸数不超过 6 个时，一般都采用整体式气缸盖。

气缸直径介于 100～140 mm 之间时，采用何种形式的气缸盖要看工厂的传统和产品系列。若工厂同时生产二、四、六、八、十二缸发动机系列，则采用两缸一盖的分块式气缸盖比较合理；若只生产直列六缸和 V6、V12 缸发动机，则采用三缸一盖的分块式气缸盖更为合适，因为这样可以提高气缸盖的通用性和扩大生产批量。

单体式气缸盖的刚度大，且在备件储存、修理及制造等方面都比较有优势。但是，单体式气缸盖在缩小气缸中心距方面受到一定的限制，同时，气缸盖冷却液的回流需装设专门的回水管，使结构变得复杂。一般气缸直径≥140 mm 的发动机采用单体式气缸盖。图 7-12(a)为汽油机整体式气缸盖，进/排气道在气缸盖的同一侧。由于凸轮轴下置，因此，气缸盖的高度较低，结构比较简单。

图 7-12(b)为铝合金汽油机整体式气缸盖，进/排气道分别布置在气缸两侧。由于是双上置式凸轮轴，因此在气缸盖上设置 10 道凸轮轴承座孔，这使气缸盖有所增加，刚度也增加许多。

图 7-12(c)为三缸一盖的分块式气缸盖，进/排气道分别布置在气缸盖两侧。进气道为螺旋形。

图 7-12(d)和图 7-12(e)分别为单体式气缸盖。

（3）燃烧室。

当活塞位于上止点时，活塞顶面以上、气缸盖底面以下所形成的空间称为燃烧室。在汽

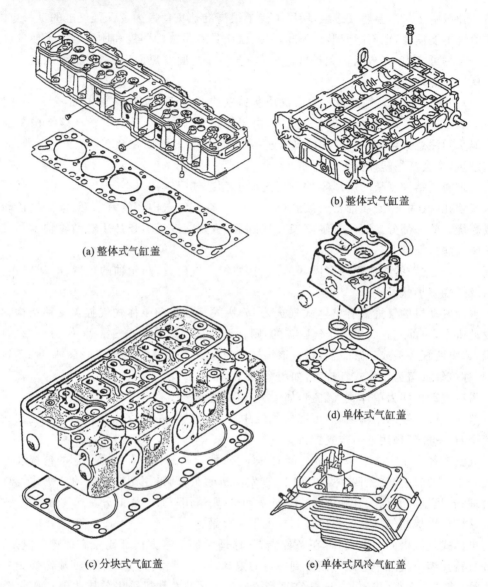

(a) 整体式气缸盖
(b) 整体式气缸盖
(c) 分块式气缸盖
(d) 单体式气缸盖
(e) 单体式风冷气缸盖

图 7-12 各种形式的气缸盖

油机气缸盖底面通常铸有形状各异的凹坑,习惯上称这些凹坑为燃烧室,如图 7-13 所示。

在汽油机上广泛应用的燃烧室主要有以下几种。

①楔形燃烧室(见图 7-13(a))。楔形燃烧室的结构比较紧凑,气门相对气缸轴线倾斜,进气道比较平直,进气力小。压缩行程终了能产生挤气涡流。楔形燃烧室一般用于每缸两气门发动机上。

②浴盆形燃烧室(见图 7-13(b))。浴盆形燃烧室的结构简单,气门与气缸轴线平行,进气道弯度较大。压缩行程终了能产生挤气涡流。浴盆形燃烧室一般用于每缸两气门发动机上。

③半球形燃烧室(见图 7-13(c))。半球形燃烧室的结构最紧凑,燃烧室表面积与其容积

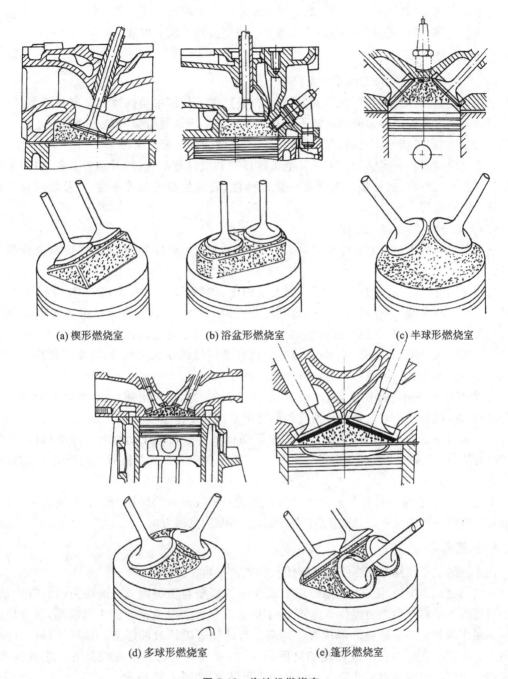

(a) 楔形燃烧室　　(b) 浴盆形燃烧室　　(c) 半球形燃烧室

(d) 多球形燃烧室　　(e) 篷形燃烧室

图 7-13　汽油机燃烧室

之比（面容比）最小。排气门呈两列倾斜布置，气门直径较大，气道较平直。火焰传播距离较短，不能产生挤气涡流。半球形燃烧室多用于高速发动机。

④多球形燃烧室。多球形燃烧室是由两个以上的半球形凹坑组成的，如图 7-13（d）所示。多球形燃烧室的结构紧凑，面容比小。火焰传播距离短，气门直径较大，气道比较平直，且能产生挤气涡流。

⑤篷形燃烧室(见图7-13(e))。篷形燃烧室是近年来在高性能多气门轿车发动机上应用较广泛的燃烧室,特别是小气门夹角的浅篷形燃烧室得到了较大发展。

4. 气缸衬垫

(1) 气缸衬垫的作用、工作条件及要求。

气缸衬垫是机体顶面与气缸盖底面之间的密封件。其作用是保持气缸密封不漏气,保持由机体流向气缸盖的冷却液和机油不泄漏。气缸衬垫应承受拧紧气缸盖螺栓时造成的压力,并受到气缸内燃烧气体高温、高压的作用以及机油和冷却液的腐蚀。

气缸衬垫应该具备足够的强度来补偿机体顶面和气缸盖的强度,并且要具备耐压、耐热和耐腐蚀性。另外,气缸衬垫还要具备一定的弹性、底面粗糙度和不平度,以及发动机工作时反复出现的变形。

(2) 气缸衬垫的分类及结构。

按所用材料的不同,气缸衬垫可分为金属-石棉衬垫、金属-复合材料衬垫和全金属衬垫等。

金属-石棉衬垫以石棉为基体,外包铜皮或钢皮,如图7-14(a)所示;另一种金属-石棉衬垫是以扎孔钢板为骨架,外覆石棉及黏合剂压制而成,如图7-14(b)所示。所有金属-石棉衬垫均在气缸孔、冷却液孔和机油孔周围用金属板包边。为了防止高温燃气烧蚀衬垫,还可在金属包边内置入金振加强环。金属-石棉衬垫具有良好的弹性和耐热性,能重复使用。若将石棉板在耐热的黏合剂中浸渍以后,则可增加衬垫的强度。

金属-复合材料衬垫如图7-14(c)所示,是在钢板的两面黏附耐热、耐压和耐腐蚀的新型复合材料,在气缸孔、冷却液孔和机油孔周围使用不锈钢皮包边。

全金属衬垫强度高,抗腐蚀能力强,多用于强化程度较高的发动机上。图7-14(d)为铝板气缸衬垫,冷却液孔用橡胶环密封。图7-14(e)为不锈钢叠片式气缸衬垫的结构,冷却液孔也用橡胶环密封。

上述金属-复合材料衬垫和全金属衬垫均属无石棉气缸衬垫。因为没有石棉夹层,所以可清除衬垫中产生的气囊,也减少了工业污染,是当前的发展方向。

5. 油底壳

油底壳的主要作用是储存机油和封闭机体或曲轴箱。

油底壳使用薄钢板冲压或使用铝铸制或使用工程塑料压制而成。油底壳内设有挡板,用于减轻汽车颠簸时油面的震荡。此外,为了保证汽车倾斜时机油泵能正常吸油,通常油底壳局部制作得较深。油底壳底部放置油螺塞。有的放置磁性放油螺塞,可以吸引机油中的铁屑。为保证油底壳与机体或曲轴箱之间的密封,油底壳的密封凸缘应具有一定的刚度。用薄钢板冲压的油底壳密封凸缘应有特殊的断面形状,如图7-15所示。

6. 发动机的支承

发动机一般通过机体和飞轮壳或变速器壳上的支承支撑在车架上。发动机的支承方法一般有三点支承和四点支承两种,如图7-16所示。

三点支承可布置成前一后二(见图7-16(a))或前二后一(见图7-16(b))。采用四点支承法时,前后各有两个支承点。

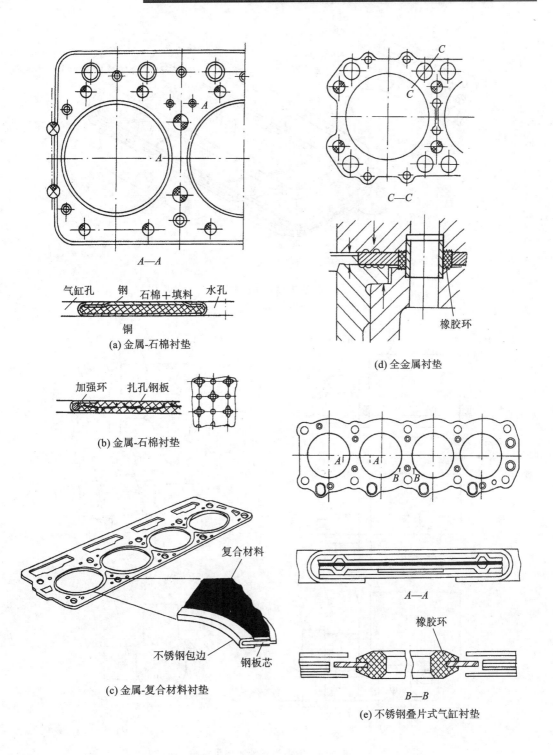

图 7-14 气缸衬垫的种类及结构

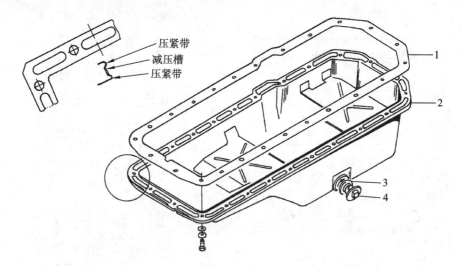

图 7-15 油底壳

1—密封垫；2—油底壳；3—密封圈；4—磁性放油螺塞

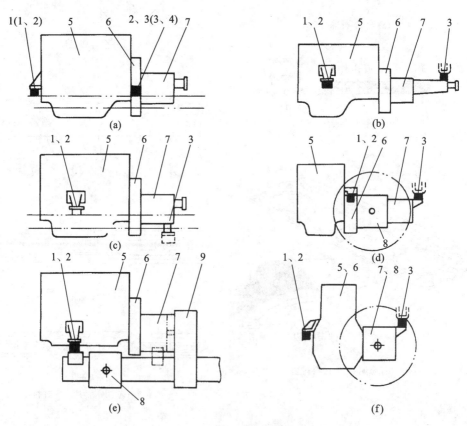

图 7-16 发动机支承方法示意图

(a)三点支承和四点支承；(b)、(c)、(d)、(f)三点支承；(e)两点支承

1、2、3、4—支承；5—发动机；6—离合器壳；7—变速器；8—主减速器；9—分动器

发动机在车架上的支承是弹性的,这是为了消除汽车行驶中车架的扭转变形对发动机的影响,以及减少传给底盘和乘员的振动和噪声。

弹性支承的发动机运转时,特别是在工作不稳定(如低转速或超载荷)的情况下运转,可能发生横向角振动。因此,与发动机相连的各种管子和杆件等必须保证在发动机振动时不破坏它的正常工作,如采用软管。为了防止当汽车制动或加速时由于弹性元件的变形而产生发动机纵向位移,有时安装专门拉杆。拉杆的一端与车架纵梁相连,另一端与发动机连接,两端连接处有橡胶垫。

二、曲轴飞轮组

1. 曲轴

(1) 曲轴的功用。

曲轴的功用是把活塞、连杆传递来的气体力转变为转矩,用来驱动汽车的传动系统、发动机的配气机构以及其他辅助装置。

曲轴在周期性变化的气体力、惯性力及其力矩的共同作用下工作,承受弯曲和扭转交变载荷。因此,曲轴应有足够的抗弯曲、抗扭转的疲劳强度和刚度,曲轴的质量应尽量轻。轴颈应有足够大的承压表面和耐磨性,各轴颈的润滑应该充分。曲轴各部名称如图7-17所示。

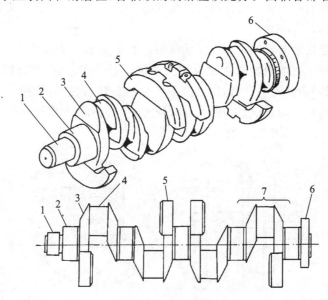

图7-17 曲轴各部名称

1—曲轴前端;2—主轴颈;3—曲柄臂;4—曲柄销;5—平衡重;6—曲轴后端;7—单元曲拐

(2) 曲轴构造。

曲轴一般由中碳钢和中碳合金钢模锻而成,轴颈表面经高频淬火或氮化处理后进行精加工。目前汽车的发动机广泛采用球墨铸铁曲轴。球墨铸铁的优点是价格便宜,耐磨性好,轴颈不需硬化处理,同时金属消耗量少,机械加工量也少。为了提高曲轴的疲劳强度,要消除应力集中,轴颈表面应进行喷丸处理,圆角处要进行滚压处理。

曲轴一般由若干个单元曲拐构成。由一个曲柄销、左右两个曲柄臂和左右两个主轴颈构成一个单元曲拐。单缸发动机的曲轴只有一个单元曲拐,多缸直列式发动机曲轴的单元曲拐数与气缸数相同,V 型发动机曲轴的单元曲拐数为气缸数的 1/2。将若干个单元曲拐按照一定的相位连接起来,再加上曲轴前端、曲轴后端便构成一根曲轴。多数发动机的曲轴在其曲柄臂上安装有平衡重。

按单元曲拐连接方法的不同,曲轴分为整体式曲轴和组合式曲轴两类。

① 各单元曲拐锻制或铸造成一个整体的曲轴为整体式曲轴。整体式曲轴的优点是工作可靠,质量轻,结构简单,加工面少,广泛应用于中小型发动机中。

② 由单元曲拐组合装配而成的曲轴为组合式曲轴。单元曲拐便于制造,即使是大型曲轴,也无须大型专用设备制造。另外,单元曲拐如果加工超差或使用中损坏,还可以更换,而不必将整根曲轴报废。组合式曲轴结构复杂,拆装不方便。

按曲轴主轴颈数的多少,曲轴可分为全支承曲轴和非全支承曲轴。

① 全支承曲轴。

在相邻两个单元曲拐间都有主轴颈的曲轴为全支承曲轴。全支承曲轴的优点是抗弯曲能力强,并可减少主轴承的载荷。但由于主轴颈多,加工表面多,所以曲轴和机体相应较长。在直列式发动机中,全支承曲轴的主轴颈数比气缸数多一个;在 V 型发动机中,全支承曲轴的主轴颈数是气缸数的一半多一个。现代汽车发动机多采用全支承整体式曲轴。

② 非全支承曲轴。

主轴颈数少于全支承曲轴的为非全支承曲轴。非全支承曲轴的优缺点与全支承曲轴的优缺点恰好相反。非全支承曲轴的主轴颈和曲柄销一般是实心的,部分锻钢曲轴将曲柄销制成空心的,旨在减轻曲柄销的质量,以及减小产生的旋转惯性力,如图 7-18 所示。部分铸铁曲轴将主轴颈和曲柄销均制成空心的并具有桶形空腔,在曲柄臂上铸有卸载槽,以减小应力集中和增加疲劳强度,如图 7-19 所示。

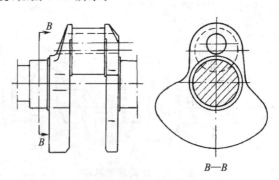

图 7-18 空心曲柄销锻钢曲轴

主轴颈和曲柄销均需润滑。机油经机体上的油道进入主轴承润滑主轴颈,再从主轴颈沿曲轴中的油孔(实心轴颈)进入连杆轴承润滑曲柄销(见图 7-20(a)),或沿着压入曲轴中的油管(空心轴颈)流向曲柄销(见图 7-19)。通常进入曲柄销空腔中的机油在离心力的作用下,其中机械杂质沉积在空腔的壁面上,空腔中心的洁净机油经油管进入曲柄销工作表面

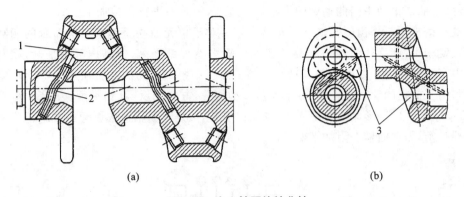

图 7-19 空心轴颈铸铁曲轴
1—桶形空腔;2—油管;3—卸载槽

(见图 7-20(b)),但是高速发动机由于离心力过大,可能造成曲柄销空腔中心无机油,从而使曲柄销表面得不到润滑。为了保证曲柄销的可靠润滑,在安装有全流式机油滤清器的发动机中,曲轴中的油孔绕过曲柄销空腔直通曲柄销表面(见图 7-20(c))。

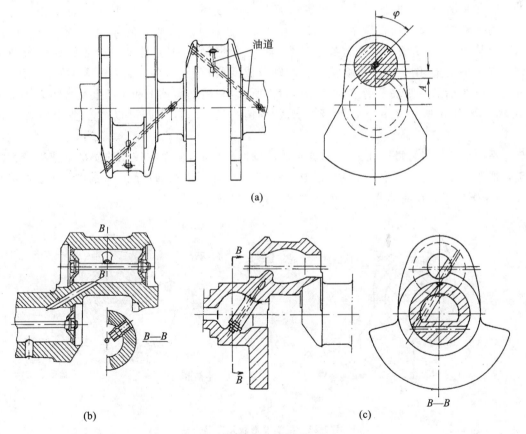

图 7-20 连杆轴承的供油方式

曲柄臂用来连接主轴颈和曲柄销。曲柄臂一般是椭圆形的,因为椭圆形曲柄臂有较高的弯曲刚度和扭转刚度。曲柄臂的重心应尽可能地靠近曲轴的回转中心。在非全支承曲轴中,连接两个曲柄销的中间曲柄臂的形状比较复杂,一般不进行机械加工。

曲轴平衡重用来平衡旋转惯性力及其力矩。对于单元曲拐呈镜像对称布置的四缸发动机和六缸发动机,其旋转惯性力和旋转惯性力矩虽然外部平衡,但是内部不平衡,因此曲轴仍承受内弯矩的作用。如图 7-21(a)所示,第一曲拐和第四曲拐的旋转惯性力 F_1 和 F_4 与第二曲拐和第三曲拐的旋转惯性力 F_2 和 F_3,大小相等,方向相反,互相平衡。F_1 和 F_2 形成的力矩 $M_{1\sim2}$ 与 F_3 和 F_4 形成的力矩 $M_{3\sim4}$ 也互相平衡,但是给曲轴造成了弯曲载荷。为使曲轴达到内部平衡,需在曲柄上附加平衡重。

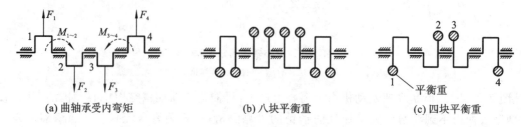

(a) 曲轴承受内弯矩 (b) 八块平衡重 (c) 四块平衡重

图 7-21 曲轴平衡重的作用

若在曲轴的每个曲柄臂上都安装平衡重,则称完全平衡法。这时平衡重产生的旋转惯性力分别抵消每个曲拐产生的旋转惯性力,使曲轴不受内弯矩的作用,如图 7-21(b)所示。但是,完全平衡法的平衡重数量较多,曲轴质量增加,工艺性变差。若只在部分曲柄臂上安装平衡重,则称分段平衡法。将曲轴分成两段,分别对各段进行平衡,例如,直列四缸发动机曲轴采用四块平衡重,如图 7-21(c)所示,利用平衡重 1 和 2 产生反力矩以平衡力矩 $M_{1\sim2}$,利用平衡重 3 和 4 产生反力矩以平衡力矩 $M_{3\sim4}$,从而可以减小整个曲轴的内弯矩。

平衡重形状多为扇形,以使其重心远离曲轴回转中心,从而在较小的质量下获得较大的旋转惯性力。有的平衡重与曲柄臂锻成或铸成一体,如图 7-22(a)所示,有的则是单独制成零件,再用螺栓紧固在曲柄臂上,如图 7-22(b)、图 7-22(c)所示。

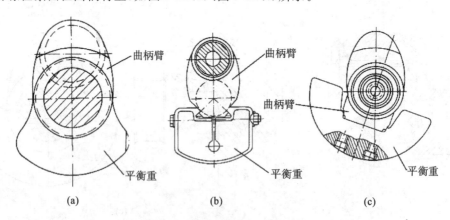

图 7-22 平衡重形状及安装方法

(3) 单元曲拐的布置原则。

各单元曲拐的相对位置或单元曲拐的布置取决于气缸数、气缸排列形式和发动机的工作顺序。当气缸数和气缸排列形式确定后,单元曲拐的布置就只取决于发动机的工作顺序。在选择发动机的工作顺序时,应注意以下几点。

①应该使接连做功的两个气缸相距尽可能地远,以减轻主轴承载荷,避免在进气行程中发生抢气现象。

②各气缸发火的间隔时间应该相同。发火间隔时间若以曲轴转角计,则称为发火间隔角。在发动机完成一个工作循环的曲轴转角内,每个气缸都应发火做功一次。对于气缸数为 i 的四冲程发动机,其发火间隔角应为 $720°/i$,即曲轴每转 $720°/i$ 时,就有一缸发火做功,以保证发动机运转平稳。

③V 型发动机左右两列气缸应交替发火。

2. 曲轴前端、后端密封

曲轴前端借助甩油盘和自紧式橡胶油封实现密封,如图 7-23 所示。发动机工作时,落在甩油盘 2 上的机油,在离心力的作用下被甩到定时传动室盖的内壁上,再沿壁面流回油底壳。即使有少量机油落到甩油盘前面的曲轴上,也会被安装在定时传动室盖上的自紧式橡胶油封 1 挡住。

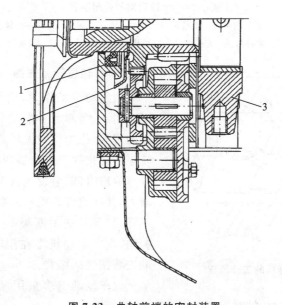

图 7-23 曲轴前端的密封装置
1—自紧式橡胶油封;2—甩油盘;3—第一主轴承盖

曲轴后端的密封装置如图 7-24 所示。曲轴后端的密封采用与曲轴前端一样的自紧式橡胶油封,如图 7-24(b)所示。

回油螺纹是在曲轴后端加工出的矩形或梯形右螺纹,其工作原理如图 7-25 所示,当曲轴旋转时,进入回油螺纹槽内的机油被曲轴带动旋转,并受到密封填料的摩擦阻力 F_r。F_r 可分解为平行于螺纹的分力 F_{r1} 和垂直于螺纹的分力 F_{r2}。机油在 F_{r1} 的作用下,沿着螺纹槽被推送向前,流回油底壳。

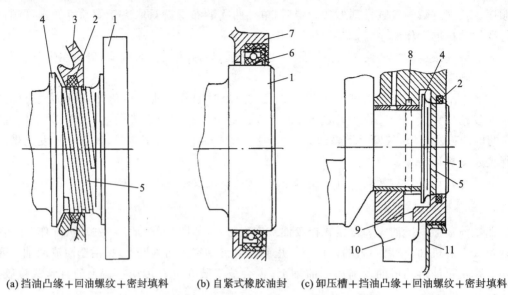

(a) 挡油凸缘+回油螺纹+密封填料　　(b) 自紧式橡胶油封　　(c) 卸压槽+挡油凸缘+回油螺纹+密封填料

图 7-24　曲轴后端的密封装置

1—曲轴后端；2—密封填料；3—填料座；4—挡油凸缘；5—回油螺纹；6—自紧式橡胶油封；
7—油封座；8—卸压槽；9—回油孔；10—主轴承盖；11—油底壳

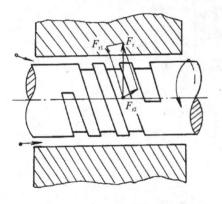

图 7-25　回油螺纹的工作原理

3. 曲轴扭转减振器

当发动机工作时，曲轴在周期性变化的转矩作用下，各单元曲拐之间发生周期性相对扭转的现象，称为扭转振动，简称扭振。当发动机转矩的变化频率与曲轴扭转的自振频率相同或成整数倍时，就会发生共振。共振时，扭转振幅增大，并导致传动机构的磨损加剧，发动机功率下降，甚至使曲轴断裂。为了消减曲轴的扭转振动，汽车发动机多在扭转振幅最大的曲轴前端安装扭转减振器。

汽车发动机多采用橡胶扭转减振器、硅油扭转减振器和硅油-橡胶扭转减振器等。

（1）橡胶扭转减振器。

减振器壳体与曲轴连接，减振器壳体与扭转振动惯性质量黏结在硫化橡胶层上，如图 7-26(a)所示。发动机工作时，减振器壳体与曲轴一起振动，由于扭转振动惯性质量滞后于减振器壳体，因此在两者之间产生相对运动，使硫化橡胶层来回揉搓，振动能量被橡胶的内摩擦阻尼吸收，从而使曲轴的扭振得以消减。

图 7-26(b)所示为带轮-橡胶扭转减振器。图 7-26(c)所示为复合惯性质量减振器，它由扭转振动惯性质量和弯曲振动惯性质量复合而成。既能消减曲轴的扭转振动振幅，又能消减曲轴的弯曲振动振幅。橡胶扭转减振器结构简单，工作可靠，制造容易，在汽车上广为应用。但其阻尼作用小，橡胶容易老化，故在大功率发动机上较少应用。

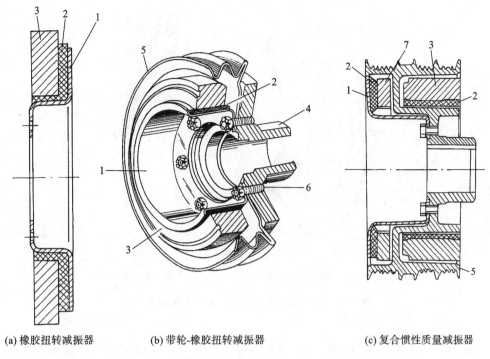

(a) 橡胶扭转减振器　　(b) 带轮-橡胶扭转减振器　　(c) 复合惯性质量减振器

图 7-26　橡胶扭转减振器

1—减振器壳体；2—硫化橡胶层；3—扭转振动惯性质量；4—带轮毂；5—带轮；6—紧固螺栓；7—弯曲振动惯性质量

（2）硅油扭转减振器及硅油-橡胶扭转减振器。

硅油扭转减振器由钢板冲压而成的减振器壳体与曲轴连接，侧盖与减振器壳体组成封闭腔，扭转振动惯性质量与封闭腔之间留有一定的间隙，里面充满高黏度硅油，如图 7-27（a）所示。当发动机工作时，减振器壳体与曲轴一起旋转、一起振动，扭转振动惯性质量则被硅油的黏性摩擦阻尼和衬套的摩擦力所带动。由于扭转振动惯性质量相当大，因此发动机近似做匀速转动，于是在扭转振动惯性质量与减振器壳体间产生相对运动。曲轴的振动能量被硅油的内摩擦阻尼吸收，使扭振消除或减轻。

硅油-橡胶扭转减振器中的橡胶环 6，主要作为弹性体，用来密封硅油和支撑扭转振动惯性质量 1，如图 7-27（b）所示。在封闭腔内注满高黏度硅油。硅油-橡胶扭转减振器集中了硅油扭转减振器和橡胶扭转减振器二者的优点，即体积小、质量轻和减振性能稳定等。

4. 飞轮

对于四冲程发动机来说，每四个活塞行程做功一次，即只有做功行程做功，而排气、进气和压缩三个行程都要消耗功。因此，曲轴对外输出的转矩呈周期性变化，曲轴转速也不稳定。为了改善这种状况，在曲轴后端安装飞轮。

飞轮是转动惯量很大的盘形零件，如图 7-28 所示。飞轮的作用如同一个能量存储器。在做功行程中，发动机传输给曲轴的能量，除对外输出外，还有部分能量被飞轮吸收，从而使曲轴的转速不会提升很多。在排气、进气和压缩三个行程中，飞轮将其储存的能量释放出来补偿这三个行程所消耗的功，从而使曲轴转速不致下降太多。

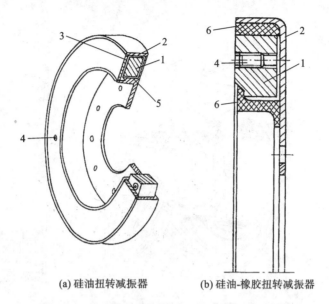

(a) 硅油扭转减振器　　(b) 硅油-橡胶扭转减振器

图 7-27　硅油扭转减振器及硅油-橡胶扭转减振器
1—扭转振动惯性质量；2—减振器壳体；3—侧盖；4—注油螺塞；5—衬套；6—橡胶环

飞轮是摩擦式离合器的主动件，在飞轮轮缘上镶嵌有供启动发动机用的飞轮齿圈 2；在飞轮上还刻有上止点记号，用来校准点火定时或喷油定时以及调整气门间隙。图 7-29 所示为飞轮上的上止点记号。当刻在飞轮轮缘上的记号与飞轮壳上的刻线对正时，即表示一缸的活塞处于上止点位置。

飞轮的大部分质量集中在轮缘上，所以轮缘做得又宽又厚（见图 7-28），以便在较小的飞轮质量下获得较大的转动惯量。飞轮多用灰铸铁制造或球墨铸铁或铸钢制造。

飞轮应与曲轴一起进行动平衡。为保持动平衡曲轴与飞轮的相对位置，通常采用定位销或不等距的螺栓将飞轮紧固在曲轴后端。

5. 汽车发动机滑动轴承

汽车发动机滑动轴承包含连杆衬套、连杆轴承、主轴承和曲轴止推轴承等。

（1）连杆轴承和主轴承。连杆轴承和主轴承均承受交变载荷和高速摩擦，因此轴承材料必须具有足够的抗疲劳强度，而且要摩擦小、耐磨损和耐腐蚀。连杆轴承和主轴承均由上、下两片轴瓦对合而成。每片轴瓦都由钢背和减磨合金层或钢背、减磨合金层和软镀层构成，前者称为二层结构轴瓦，后者称为三层结构轴瓦，如图 7-30 所示。

钢背是轴瓦的基体，由 1～3 mm 厚的低碳钢板制造，可保证有较高的机械强度。钢背背面为很小的粗糙度，旨在增大与连杆大头孔或主轴承孔的接触面积，以利散热。在钢背背面镀锡也可达到同样的目的。还可在钢背上浇铸减磨合金层。减磨合金材料主要有白合金、铜铅合金和铝基合金。

白合金也叫巴氏合金。目前应用较多的锡基白合金减磨性好，但疲劳强度低，耐热性差，温度超过 100℃时，硬度和强度均明显下降。因此锡基白合金常用于负荷不大的汽油机。铜铅合金的突出优点是承载能力强，抗疲劳强度高，耐热性好，但磨合性和耐腐蚀性差。为

7 汽油发动机机体组、曲轴飞轮组主要零部件的构造和功用

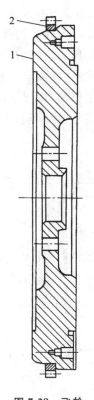

图 7-28　飞轮

1—飞轮；2—飞轮齿圈

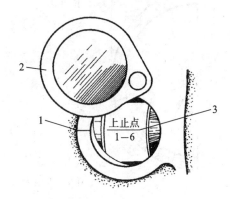

图 7-29　飞轮上的上止点记号

1—飞轮壳上的刻线；2—观察孔盖；3—飞轮上的记号

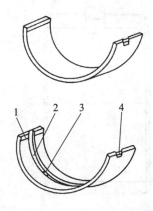

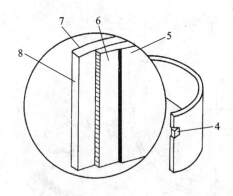

图 7-30　轴瓦及其各部名称

1—布油槽；2—环形油槽；3—油孔；4—定位唇；5—软镀层；6—减磨合金层；7—钢背；8—轴瓦结合面

了改善其磨合性和耐腐蚀性，通常在铜铅合金表面电镀一层软金属，形成三层结构轴瓦。铜铅合金多用于高强化的柴油机。铝基合金包括铝锑镁合金、低锡铝合金和高锡铝合金。含锡 20% 以上的高锡铝合金轴瓦因为具有承载能力强、抗疲劳强度高和减磨性好，因此被广泛应用于汽油机和柴油机中。软镀层是指在减磨合金层上电镀一层锡或锡铅合金，其主要作用是改善轴瓦的磨合性并作为减磨合金层的保护层。

图7-31所示为主轴承上、下轴瓦的结构。轴瓦一般是等壁厚的,但也有变厚度轴瓦。轴瓦在自由状态时,两个结合面外端的距离比轴承孔的直径大,其差值称为轴瓦的张开量(见图7-31)。装配时,轴瓦的圆周过盈变成径向过盈,对轴承孔产生径向压力,使轴瓦紧密贴合在轴承孔内,以保证其良好的承载和导热能力,提高轴瓦工作的可靠性,以及延长其使用寿命。在轴瓦的结合端冲压出定位唇(见图7-30),在轴承孔中加工有定位槽,以便装配时能正确定位。定位唇的作用只在于方便装配,若要使轴瓦在轴承孔中不转动、不移动、不振动,那么要通过轴瓦与轴承孔之间的过盈配合才能保证。

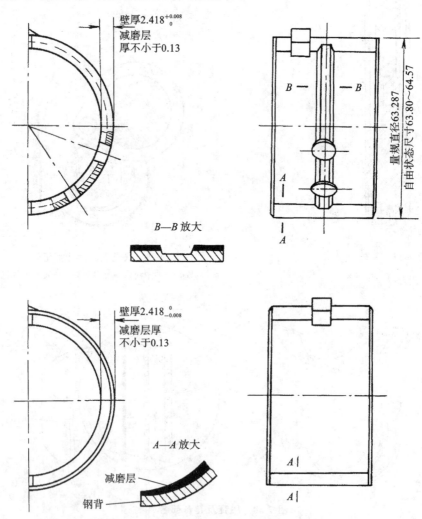

图7-31 主轴承上、下轴瓦结构

通过连杆小头喷油孔喷油冷却活塞的发动机,在主轴承和连杆轴承的上、下轴瓦上均加工有环形油槽和油孔,以便不间断地向连杆小头喷油孔供油。为了保证轴瓦的承载能力,最好不在载荷较大的主轴承下轴瓦和连杆轴承上轴瓦开环形油槽。有的发动机为了润滑连杆轴承和曲柄销的需要,只在主轴承的上轴瓦加工有环形油槽,如图7-32所示。

(2)曲轴止推轴承。汽车行驶时由于踩踏离合器而对曲轴施加轴向推力,使曲轴发生轴

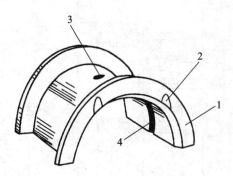

图 7-32 翻边轴瓦
1—止推面；2—储油槽；3—油孔；4—环形油槽

向窜动。过大的轴向窜动将影响活塞连杆组的正常工作，以及破坏正确的配气定时和柴油机的喷油定时。为了保证曲轴轴向的正确定位，需安装止推轴承，而且只能在一处设置止推轴承，以保证曲轴受热膨胀时能自由伸长。

曲轴止推轴承分为翻边轴瓦、半圆环止推片和止推轴承环三种。

翻边轴瓦是将轴瓦两侧翻边作为止推面，在止推面上浇铸减磨合金。轴瓦的止推面与曲轴止推面之间留有间隙，从而限制了曲轴的轴向窜动量。

半圆环止推片一般为四片，即上、下各两片，分别安装在机体和主轴承盖的浅槽中，用定位舌或定位销定位，防止其转动，如图 7-33 所示。注意，装配时，需将有减磨合金层的止推面朝向曲轴的止推面，不能装反。

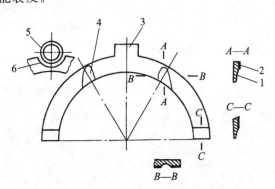

图 7-33 半圆环止推片
1—钢背；2—减磨合金层（止推面）；
3—定位舌；4—储油槽；5—定位销；6—定位销槽

止推轴承环为两片止推圆环，分别安装在第一主轴承盖的两侧，如图 7-34 所示。

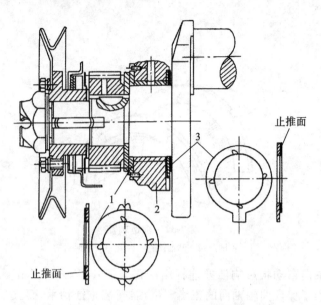

图 7-34 止推轴承环及其安装位置
1、3—止推圆环；2—第一主轴承盖

8

四缸发动机曲柄连杆机构曲拐布置及工作顺序

提示

本节考点如下。

（1）四缸发动机中四个气缸的工作循环关系为：如工作顺序为 1—3—4—2 的四缸发动机，第二缸在进气，第三缸进行什么行程；又如工作顺序为 1—2—4—3 的四缸发动机，第三缸在进气，第二缸进行什么行程。

（2）曲轴与凸轮轴的转速比关系，曲轴转角与气缸中的活塞行程关系，曲轴转角与气门开启次数的关系。

针对以上两个难点，可以通过实物讲解，即在发动机台架上通过摇转发动机的曲轴来理解四缸发动机中各缸的工作关系、曲轴与凸轮轴的转速比关系、曲轴转角与气缸中的活塞行程关系，以及曲轴转角与气门开启次数的关系。

考核要点

（1）直列四缸四冲程发动机完成一个工作循环的转过角度。
（2）直列四缸四冲程发动机曲轴曲拐的布置。
（3）直列四缸四冲程发动机各缸的做功间隔角。
（4）直列四缸四冲程发动机的工作顺序。
上述内容可转换的考核题型包括单项选择题、判断题、综述题、填表题。

知识点

直列四缸四冲程发动机完成一个工作循环需经过进气、压缩、做功、排气四个行程，转过两圈720°。各缸的做功间隔角度是均衡的,连续发火做功的两缸相距尽可能远,以减少主轴承的连续载荷,避免发生进气重叠的问题。曲轴曲拐对称布置于同一平面内,从曲轴前端看,一、四曲拐正对,二、三曲拐正对,做功间隔角为720°/4=180°,如图8-1所示。工作顺序有1—2—4—3和1—3—4—2两种。工作顺序为1—3—4—2的直列四冲程发动机的工作循环如表8-1所示。

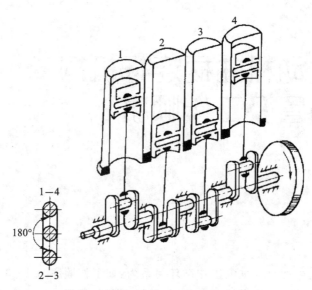

图8-1 直列四缸发动机的曲拐布置

表8-1 直列四冲程发动机的工作循环表(工作顺序为1—3—4—2)

曲轴转角/(°)	第 一 缸	第 二 缸	第 三 缸	第 四 缸
0～180	做功	排气	压缩	进气
180～360	排气	进气	做功	压缩
360～540	进气	压缩	排气	做功
540～720	压缩	做功	进气	排气

9

配气机构的功用及组成

提示

本节考查配气机构的功用及组成。虽然各类型的配气机构具有相同的功用,但各类型的配气机构的组成有所不同,因此要理解各类型的配气机构的组成。

考核要点

(1) 配气机构的功用。
(2) 配气机构的组成。
(3) 气门顶置式配气机构。
(4) 气门侧置式配气机构。
上述内容可转换的考核题型包括单项选择题、判断题、综述题、填表题。

知识点

一、配气机构的功用

配气机构的功用是:按照发动机工作循环、发火顺序和每个气缸工作循环的要求,定时打开和关闭每个气缸的进气门和排气门,使混合气或新鲜空气及时进入发动机气缸。同时使燃烧后的废气及时排出气缸。

一般汽车的发动机都采用气门式配气机构,配气机构要求结构参数和形式有利于减小进气和排气阻力,而且进气门、排气门的开启时刻和延续的开启时间要适当,使进气和排气都尽可能充分,以得到较大的功率转矩和排放性能。

配气机构的工作性能好坏,对发动机的影响很重要。要求配气机构的气门要关闭严密,开度足够。如果气门关闭不严,在压缩冲程会漏气,造成气缸压力不足和燃气质量的损失;在做功冲程会泄压,使燃气压力下降。如果气门开闭不及时或开度不够,则会使进气不充分,排气不彻底。上述情况都会严重影响发动机的功率,甚至发动机不能启动。

二、配气机构的组成

按气门的布置可分为气门顶置式和气门侧置式。按凸轮轴的布置位置可分为顶置式(OHC)、中置式、侧置式(OHV)和下置式;顶置式又可分为单凸轮轴和双凸轮轴两种。按曲轴和凸轮轴的传动方式可分为齿轮传动式、链条传动式和齿带传动式。按每气缸气门数目可分为二气门式和多气门式等。

配气机构可分为气门组和气门传动组两大部分。气门组用来封闭气缸的进气、排气道口,包括气门及与之相关联的零件,其组成与配气机构的形式基本无关。气门传动组是从正时齿轮(或链轮或齿带轮)开始至推动气门动作的所有零件,其组成视配气机构的形式而有所不同。气门传动组的功用是定时驱动气门开闭,并保证气门有足够的开度和适当的气门间隙。

1. 气门顶置式配气机构

气门顶置式配气机构的进气门和排气门都倒挂在气缸盖上。如图 9-1 所示,气门组包括气门、气门导管、气门座圈、弹簧座圈、气门油封、气门弹簧(包括内弹簧、外弹簧)、气门锁片等零件;气门传动组是从被曲轴正时齿轮驱动的凸轮轴正时齿轮(或链轮或齿带轮)开始至推动气门动作的所有零件,如图 9-2 所示。气门传动组一般由摇臂、摇臂轴、气门调整螺钉、气门调整螺钉锁紧螺母、推杆、挺柱、凸轮轴正时齿轮(或链轮或齿带轮)、曲轴正时齿轮(或链轮或齿带轮)组成。

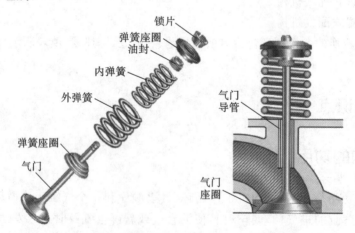

图 9-1 气门顶置式配气机构气门组的组成

2. 气门侧置式配气机构

气门位于气缸体侧面称为气门侧置式配气机构,如图 9-3 所示。气门组主要包括气门、气门座、气门导管、气门弹簧、弹簧座、气门锁片、气门油封等。气门传动组主要由凸轮轴、挺

9 配气机构的功用及组成 | 91

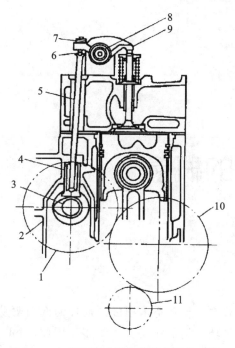

图 9-2 气门顶置式配气机构气门传动组

柱、气门间隙调整螺钉等组成。

因为气门侧置式配气机构的进/排气门在同侧,压缩比受到限制,进/排气门阻力较大,发动机的动力性和高速性均较差,逐渐被淘汰。

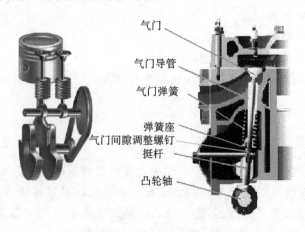

图 9-3 气门侧置式配气机构

10

气门间隙的概念

提示

本节考查气门间隙的概念。凡是不采用液力挺杆的气门驱动机构都要调整气门间隙,但不采用液力挺杆的气门驱动机构的结构类型很多。因此,对不同结构的不采用液力挺杆的气门驱动机构的气门间隙的概念都要了解。

考核要点

(1) 发动机气门间隙的概念。
(2) 发动机气门间隙过大、过小的问题。
(3) 采用液力挺杆的发动机的气门间隙状况。
上述内容可转变的考核题型包括单项选择题、判断题、综述题、填图题。

知识点

气门在完全关闭时,气门杆尾端与气门传动组零件之间的间隙称为气门间隙。

发动机工作时,气门会因温度的升高而膨胀。如果气门及其传动件之间在冷态下无间隙或间隙过小,则在热态下,气门及其传动件的受热膨胀势必引起气门关闭不严,造成发动机在压缩行程和做功行程中漏气,从而使功率下降,甚至不易启动。

为了消除这种现象,通常在发动机冷态装配、气门完全关闭时,在气门杆尾端及其传动机构中保留一定的间隙,以补偿气门受热后的膨胀量。不采用液力挺杆的气门驱动机构的气门间隙及其调整装置如图 10-1 所示。

有的发动机采用液力挺杆,挺杆的长度能自动变化,以随时补偿气门的热膨胀量,故不需要预留气门间隙。

气门间隙是厂家在设计试验时确定好的,一种发动机一个标准,按照标准调整就行。

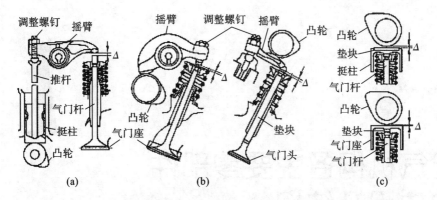

图 10-1 不采用液力挺杆的气门驱动机构的气门间隙及其调整装置

如果气门间隙过大,则使传动零件之间以及气门和气门座之间产生撞击响声,出现气门开度减小(升程不够)、进排气阻力增加、充气量下降,从而影响动力性。同时增加气门传动零件之间的冲击和磨损,使气门开启的持续时间减少,气缸的充气以及排气情况变坏。严重时排气摇臂会从根部折断,从而发生排气门弹簧折断、气门掉入缸内的危险。

如果气门间隙过小,则在气门热状态下会出现气门关闭不严的情况,从而造成气缸漏气、工作压力下降、功率下降的现象。同时,气门也易于烧蚀。

11 配气机构各主要零部件的功用及结构

 提示

本节考查配气机构各主要零部件的功用及其结构。在发动机构造中包含各种类型的配气机构，因此，要掌握配气机构中各零部件的功用及结构。

 考核要点

配气机构包含气门组和气门传动组两部分。气门组和气门传动组的功用及结构包括：多气门发动机的结构及作用，气门顶部、杆部、气门锥角和气门锁片的结构和作用，气门弹簧的结构形式和作用，气门旋转机构的结构和作用，气门座的结构形式和作用，气门导管的结构形式和作用，气门弹簧座的结构和作用，气门油封的结构和作用，凸轮轴的驱动结构、布置形式和作用，机械挺柱的结构形式和作用，液力挺柱的结构形式和作用，推杆的结构和作用，摇臂和摇臂轴的组成、结构和作用。

上述内容可转变的考核题型包含单项选择题、判断题、综述题、填图题。

 知识点

气门组包括进气门、进气门座、排气门、排气门座、气门导管、气门油封、气门弹簧、上气门弹簧座、气门锁片、挺柱体等零件；气门传动组一般由摇臂、摇臂轴、推杆、机械挺柱、液力挺柱、凸轮轴、气门间隙调整螺钉和正时齿轮（或链轮或齿形带轮）组成，如图11-1所示。正时传动机构包含齿轮传动式、链条传动式和齿带传动式。

11 配气机构各主要零部件的功用及结构

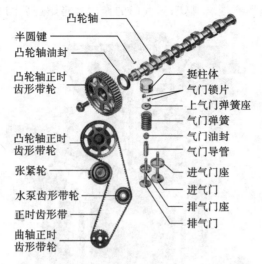

图 11-1 配气机构的组成

一、气门组

1. 气门组的功用和要求

气门组的主要功用是维持气门处于关闭状态。气门组组件如图 11-2 所示。

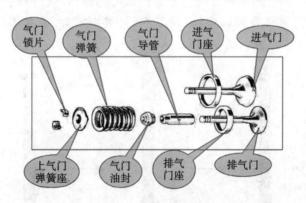

图 11-2 气门组组件

对气门组的要求如下。
(1) 气门头部与气门座贴合严密。
(2) 气门导管与气门杆上下运动有良好的导向。
(3) 气门弹簧的两端面与气门杆的中心线垂直。
(4) 气门弹簧的弹力足以克服气门及其传动件的运动惯性。

2. 气门

气门的作用是密封进气通道和排气通道,专门负责向发动机内输入空气并排出燃烧后的废气。按照发动机的结构,气门可分为进气门和排气门,如图 11-3 所示。进气门的作用是将空气吸入发动机内,与燃料混合燃烧;排气门的作用是将燃烧后的废气排出并散热。

图 11-3　气门在发动机中的位置

进气门一般用中碳合金钢制造,如铬钢、铬钼钢和镍铬钢等。排气门则采用耐热合金钢制造,如硅铬钢、硅铬钼钢、硅铬锰钢等。

按照气门的成品结构,通常可分为整根气门、双金属对焊气门和空心充钠气门等,如图 11-4 所示。附加工艺通常为顶部焊片、顶部堆焊、锥面堆焊、表面氮化处理、表面镀铬处理等。

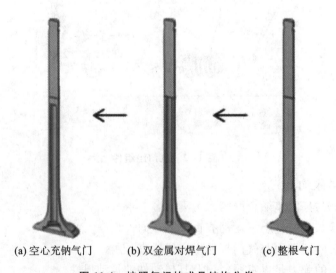

(a) 空心充钠气门　　(b) 双金属对焊气门　　(c) 整根气门

图 11-4　按照气门的成品结构分类

在某些高度强化的发动机上采用中空气门杆的气门,旨在减轻气门质量和减小气门运动的惯性力。为了降低排气门的温度,增强排气门的散热能力,在许多汽车发动机上采用充钠冷却气门(见图 11-5)。这种气门是在中空的气门杆中填入一半金属钠。因为钠的熔点是

97.8℃、沸点为880℃,所以在气门工作时,钠变成液体,在气门杆内上下激烈地晃动,不断地从气门头部吸收热量并传递给气门杆,再经气门导管传递给气缸盖,使气门头部得到冷却。

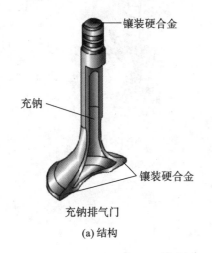
(a) 结构

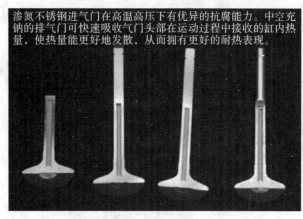
(b) 工作原理

图 11-5　充钠冷却气门的结构及其工作原理

传统发动机的每个气缸只有一个进气门和一个排气门,这种设计的优点是,结构相对简单,成本较低,维修方便,低转速时性能较好;其缺点是功率很难提高,尤其是高转速时充气效率低、性能较差。当进气门和排气门数量相同时,进气门头部直径总比排气门头部直径大,目的是加大进气门通过断面的面积,减小进气的阻力,增加进气量。

每缸两气门的发动机又称两气门发动机。现代的高性能汽车发动机为了提高进气和排气的效率,多采用多气门技术,常见的是每个气缸布置四个气门(也有单缸三个或五个气门的设计)。四气门发动机每缸两个进气门、两个排气门。其优点是,首先,气门通过断面的面积大,进气和排气充分,进气量增加,发动机的转矩和功率提高。其次,每缸四个气门,每个气门的头部直径较小,每个气门的质量减轻,运动惯性力减小,有利于提高发动机转速。四气门发动机多采用盖形燃烧室,火花塞布置在燃烧室中央,有利于燃烧四气缸一共16个气门,在汽车资料上看到的"16V"表示发动机共16个气门。这种多气门结构容易形成紧凑型燃烧室,喷油器布置在中央,这样可以使油气混合气燃烧更迅速、更均匀,各气门的重量和开度适当地减小,使气门开启或闭合的速度更快。多气门结构如图11-6所示。

(1) 气门组成:由头部和杆部组成。气门结构及各部分名称如图11-7所示。

(2) 气门功用:气门头部用来密封气缸的进、排气通道;气门杆用来作为气门的运动导向。气门头部接收的热量一部分经气门座圈传递给气缸盖,另一部分则通过气门杆和气门导管传递给气缸盖,最终都被气缸盖水套中的冷却液带走。为了加强传热,气门与气门座圈的气门锥面必须严密贴合。为此,二者要配对研磨,研磨之后不能互换。

(3) 气门的工作条件:气门头部与具有腐蚀介质的高温燃气接触,承受高温、气体压力,并在关闭时承受气门弹簧力、传动零件惯性力、落座冲击力的作用。气门杆身润滑困难,因此在半干摩擦状态下工作。由于气门的工作条件很差,所以要求气门材料必须有足够的强度和刚度,能耐高温、耐腐蚀和耐磨损。

(4) 气门顶部。气门顶部的形状如图11-8所示。

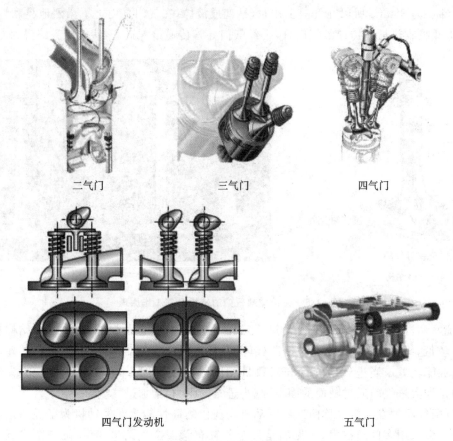

图 11-6 多气门结构

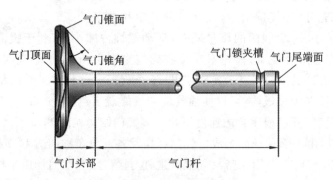

图 11-7 气门结构及各部分名称

球面顶:适用于排气门。其优点是强度大,排气阻力小,废气的清除效果好。其缺点是球形的受热面积大,质量和惯性力大,加工较复杂。

平顶:平顶的结构简单,制造方便,受热面积小,进气门、排气门都可以采用。

凹顶:也称漏斗形。其优点是质量轻,惯性小,头部与杆部有较大的过渡圆弧,气流阻力小,具有较大的弹性,对气门座的适应性强(又称柔性气门),容易获得较好的磨合;其缺点是受热面积大,易保存废气,容易过热,以及受热易变形。因此,凹顶一般仅用作进气门。

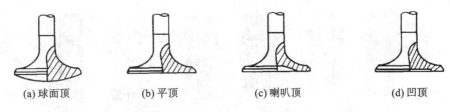

图 11-8 气门顶部的形状

喇叭顶：由于喇叭顶头部与杆部的过渡部分有一定的流线型，可以减少进气阻力，但其顶部受热面积大，故适用于进气门，而不适用于排气门。

气门锥角如图 11-9 所示。

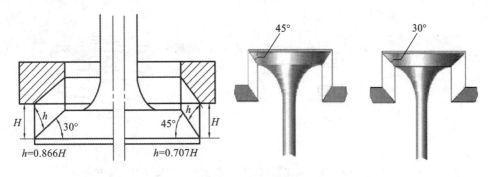

图 11-9 气门锥角

气门密封锥面是与杆身同心的圆锥面，它与气门座密封锥面配合，起到密封气道的作用。气门密封锥面与顶平面之间的夹角 α 称为气门锥角。气门锥角 α 一般为 45°。为了增大气流的流通面积，使进气充分，有的进气门锥角制成 30°，如图 11-9 所示。大多数发动机的进气门的头部直径比排气门的头部直径大。

气门锥角可以提高密封性和导热性；气门落座有自动定位作用，可以避免气流拐弯过大而降低流速；有了气门锥角，气门落座时能挤掉接触面的沉积物，即有自洁作用。

（5）气门杆部。

气门杆部具有较高的加工精度和较低的粗糙度。杆身主要在气门开、闭过程中起导向作用。气门杆与气门导管保持较小的配合间隙，以减小磨损，并起到良好的导向和散热作用。气门开、闭过程中，气门杆在气门导管中上下往复运动，因此，要求气门杆与气门导管有一定的配合精度和耐磨性。

气门尾端的形状如图 11-10 所示。气门尾端的形状决定上气门弹簧座的固定方式。一般采用锁片式结构或锁销式结构，如图 11-11 所示。

如图 11-12 所示，气门锁片用于固定气门杆与气门弹簧座之间的位置。气门上有槽，气门弹簧可让气门回位，但需使用上气门锁片卡住气门。气门锁片采用剖分成两半且外表面为锥面的气门锁夹来固定上气门弹簧座。气门锁片结构简单，工作可靠，拆装方便，因此得到了广泛应用。使用专用工具将气门弹簧压住，然后将气门锁夹安装在气门槽里，再松开气门弹簧就可。气门打开时，既不会掉下去，在弹簧作用下又能回位，只有这样，发动机才能正常工作。气门锁夹内表面有多种形状，如图 11-13 所示。相应地，气门尾端也有各种不同形

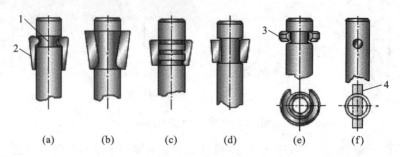

图 11-10 气门尾端的形状

1—气门尾端；2—气门锁夹；3—卡块；4—圆柱销

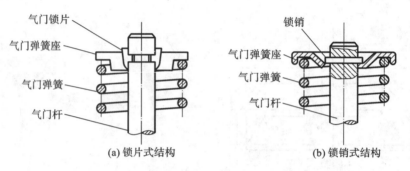

图 11-11 锁片式结构或锁销式结构与上气门弹簧座的固定方式

状的气门锁夹槽。

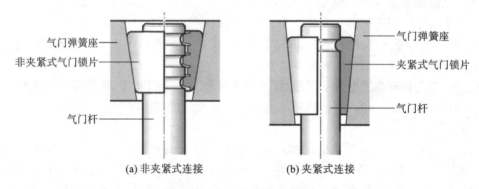

图 11-12 气门锁片的固定方式

3. 气门弹簧

气门弹簧的作用：保证气门自动关闭且密封；增强气门与气门座的座合压力；吸收气门在开启和关闭过程中传动零件产生的惯性力及间隙；保证气门按凸轮轮廓曲线的规律关闭；防止各种传动件彼此分离而破坏配气机构正常工作。

气门弹簧的一端支承在气缸盖上，另一端弹压在气门杆端的弹簧座上，弹簧座用锁片固定在气门杆的末端，如图 11-14 所示。气门弹簧的弹力通过气门弹簧座、气门锁片使气门紧压在气门座上。只有当凸轮驱使摇臂（或挺柱）向下压缩气门杆的末端，并通过气门锁片、气门弹簧座向下压缩气门弹簧时，气门才打开，然后随着凸轮的转动，弹簧开始伸长，推动气门

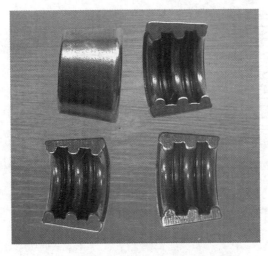

图 11-13　气门锁夹内表面

及摇臂等传动件上移，直至气门落座关闭。

气门弹簧包含等螺距气门弹簧、变螺距气门弹簧和双气门弹簧等。

图 11-14　气门弹簧和气门弹簧座

气门弹簧一般为等螺距圆柱形螺旋弹簧。但随着发动机转速的提升，弹簧产生共振而折断的可能性增加。为了防止弹簧共振，可采用变螺距圆柱形弹簧。当气门弹簧的工作频率与其固有的振动频率相等或为整数倍时，气门弹簧就会发生共振。共振时将使配气定时遭到破坏，使气门发生反跳和冲击，甚至使弹簧折断。为防止共振的发生，可采取下列措施。

(1) 采用双气门弹簧。

在柴油机和高性能汽油机上广泛采用每个气门安装两个直径不同、旋向相反的内、外弹簧，如图 11-15 所示。这样，不但可以防止共振，而且当一根弹簧折断时，另一根还能继续维持工作，不致使气门落入气缸中。

(2) 采用变螺距气门弹簧。

有些高性能汽油机采用变螺距单气门弹簧，如图 11-16 所示。

(3) 采用锥形气门弹簧。

4. 气门旋转机构

如图 11-17 所示，当气门工作时，若能产生缓慢的旋转运动，则可使气门头部周围温度分

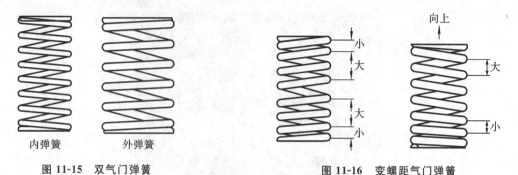

图 11-15 双气门弹簧　　　　　图 11-16 变螺距气门弹簧

布比较均匀,从而减小气门头部的热变形。同时,当气门旋转时,在密封气门锥面上产生轻微的摩擦力,能够清除气门锥面上的沉积物。

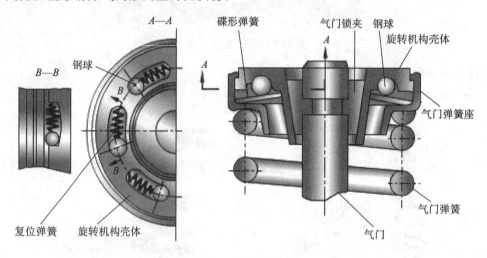

图 11-17 气门旋转机构

5. 气门座

气缸盖与气门锥面相贴合的部位称为气门座。气门座与气门头部一起对气缸起密封作用,同时接收气门头部传来的热量,起到对气门散热的作用。

气门座的温度很高,且承受频率极高的冲击载荷,容易受到磨损。因此,铝气缸盖和大多数铸铁气缸盖均镶嵌由合金铸铁或粉末冶金或奥氏体钢制成的气门座圈,如图 11-18 所示。在气缸盖上镶嵌气门座圈可以延长气缸盖的使用寿命。也有一些铸铁气缸盖不镶嵌气门座圈,直接在气缸盖上加工出气门座。

气门座的类型有以下几种。

①直接形成式气门座:直接在缸盖(或缸体)上加工出来,多用于进气门,如图 11-19 所示。这种形式修复起来困难,且不经济。

②镶座式气门座:用于排气门或铝合金的发动机的进气门座和排气门座,如图 11-20 所示。镶座式的优点:可节省材料,延长使用寿命,便于更换修理。镶座式的缺点是传热差,如果装配不当,就会发生松脱或与缸盖配合不好,影响散热。

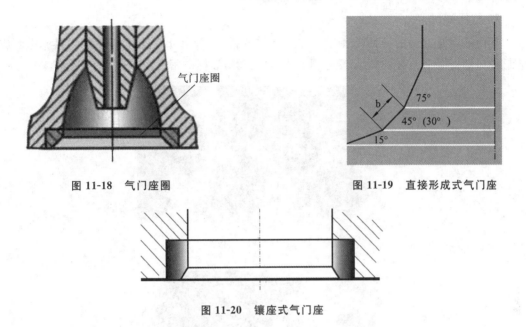

图 11-18　气门座圈

图 11-19　直接形成式气门座

图 11-20　镶座式气门座

6. 气门导管

气门导管是对气门的运动起导向作用,并保证气门作直线往复运动,使气门与气门座或气门座圈能正确贴合。此外,还将气门杆接收的热量部分地传递给气缸盖。

气门导管内、外圆柱面经过加工后,以一定的过盈压入气缸盖或气缸体的气门导管孔中,然后精加工铰内孔,以保证气门导管与气门杆的正确配合间隙,如图 11-21 所示。为了防止轴向转动,气门导管内设有卡环定位槽。气门导管与定位卡环配合便可防止工作时导管移动而落入气缸中。气门杆与气门导管之间一般留有微量间隙,可使气门杆在导管中自由运动。气门导管工作时的温度较高,润滑较差,靠配气机构工作时飞溅起来的机油来润滑气门杆和气门导管孔。为了防止过多的机油从气门杆与气门导管的间隙处流入,在气缸内和气门上形成积炭,发动机在气门杆上装有气门油封。气门导管一般使用含石墨较高的铸铁或铁基粉末冶金制成,以提高自润滑性能。发动机气门导管是分开的部件。气门可分为进气门和排气门,气门导管可分为进气门导管和排气门导管。

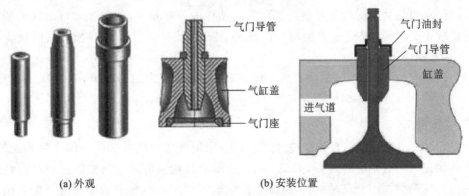

(a) 外观　　　　　　　　(b) 安装位置

图 11-21　气门导管的外观、结构和安装位置

7. 气门油封

气门油封是油封的一种(见图11-22)。气门油封一般由外骨架和氟橡胶共同硫化而成，油封径口部安装有自紧弹簧或钢丝，用于发动机气门导杆的密封，如图11-23所示。

图 11-22 气门油封

图 11-23 气门油封的安装位置

气门油封可以防止机油进入进/排气管，避免机油流失，防止汽油与空气的混合气体以及排放的废气泄漏，防止发动机机油进入燃烧室。气门油封是发动机气门组的重要零件之一，高温下会与汽油或机油接触，因此需要采用耐热性和耐油性优良的材料，一般由氟橡胶制作。

二、气门传动组

气门传动组是从正时齿轮开始到推动气门动作的所有零件，如图11-24(a)、(b)所示，主要由凸轮轴正时齿轮(或链轮或齿轮)、凸轮轴、挺柱、推杆、气门间隙调整螺钉、摇臂、摇臂轴、摇臂轴支座等组成。

气门传动组的功用：定时驱动进/排气门按配气相位规定的时刻开闭，且保证有足够的开度。

1. 凸轮轴

(1) 组成。凸轮轴上制有各缸进/排气凸轮，用来使气门按各缸的工作次序和配气定时开、关，并保证气门有足够的升程，如图11-25所示。凸轮轴常采用每缸的进/排气凸轮两侧各有一道凸轮轴轴颈的全支承结构，以减小凸轮轴的变形。凸轮轴的前端通过键连接，一般安装有正时齿轮或同步齿形皮带轮或正时链条等。

11 配气机构各主要零部件的功用及结构 105

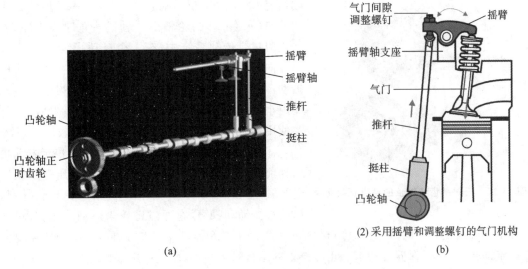

图 11-24 气门传动组的组成

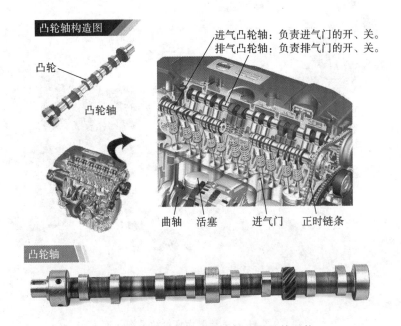

图 11-25 凸轮轴在发动机中的位置及其形状

(2) 功用。使气门按一定的工作次序和配气相位及时开、关,并保证气门有足够的升程。同一气缸的进/排气凸轮的相对转角位置是与既定的配气相位相适应的。

(3) 材料。凸轮轴一般由优质钢模锻或合金铸铁或球墨铸铁等制成。

(4) 凸轮轴的驱动。

①齿轮传动:一般应用于下置凸轮轴发动机中。正时斜齿齿轮上一般标记有点火正时记号,如图 11-26 所示。

②正时齿带传动:正时齿带传动机构用于中置式或顶置式凸轮轴发动机,位于发动机前

端，在拆下正时室罩盖后可见，如图11-27所示。冷却液泵（水泵）和凸轮轴由曲轴通过正时齿带驱动。在正时齿带传动系统中，有1个自动张紧轮和1~2个导向轮（惰轮）来张紧正时齿带，以减小正时齿带的振动。正时齿带具有结构简单、成本低、齿形带传动噪声小、传动平稳、无须润滑及更换方便等特点，一般在使用4万~6万千瓦后需更换，应用比较广泛。

③正时链条传动：正时链条传动机构位于发动机曲轴前端，正时链条由曲轴驱动，利用液压链条张紧器张紧，如图11-28所示。正时链条还受导轨导引，以减小振动和噪声，它通过链轮来驱动凸轮轴、机油泵和平衡轴模块。正时链条由金属材料制成。正时链条具有可靠性好、使用寿命长、需要润滑和定期张紧、无须保养等特点。正时链条的运行噪声很小，而且可用很长时间。

图11-26　正时斜齿齿轮上的点火正时记号

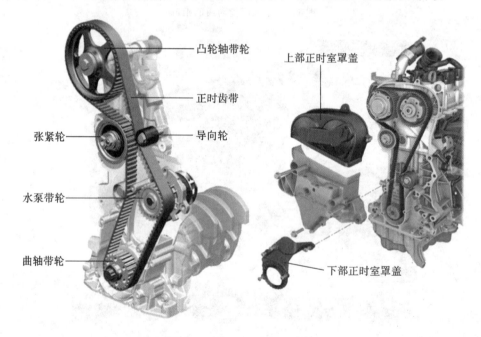

图11-27　正时齿带传动机构

曲轴链轮、平衡轴齿轮、凸轮轴链轮、平衡轴链轮等上通常有正时标记，如图11-29所示。在对链条驱动装置进行调整时，传动轮上的标记必须与两个链条上三个深色的链节对齐。首先将深色的链节放到链条的一侧，这样，就只存在唯一的安装位置了。

（5）凸轮轴的布置形式。

①凸轮轴上置式配气机构。

凸轮轴上置式配气机构的特点：凸轮轴布置在气缸盖上；凸轮轴直接通过摇臂来驱动气门，没有挺柱和推杆，使往复运动的质量大大下降，因此它适用于高速发动机。凸轮轴上置式一般采用齿形带或链条传动。

11 配气机构各主要零部件的功用及结构 107

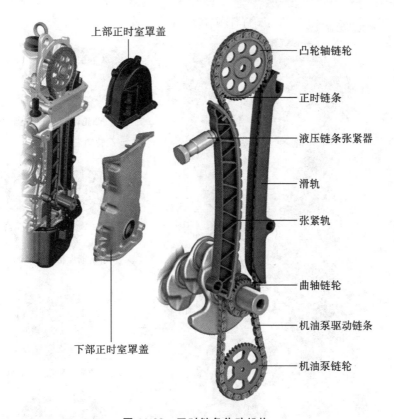

图 11-28 正时链条传动机构

双顶置凸轮轴的气门机构如图 11-30 所示。发动机的进气门和排气门分别布置在两侧，各由一根凸轮轴驱动，易于实现可变气门正时功能。由于凸轮轴直接通过挺柱驱动气门，加上气门数较多，所以发动机的进气阻力减小，进气量增大，更容易实现高转速、高功率输出。

②凸轮轴中置式配气机构。

凸轮轴中置式配气机构的特点：凸轮轴位于气缸体的上部；推杆较短，运动惯性小；也可省去推杆，而由挺柱直接驱动摇臂，当发动机转速较小时，可减小气门传动机构的往复运动质量，如图 11-31 所示。此结构多用于柴油机，一般在一对正时齿轮之间加入一个中间齿轮。

③凸轮轴下置式配气机构。

凸轮轴下置式配气机构的特点：其进气门、排气门都倒装在气缸盖上；凸轮轴安装在曲轴箱内，而摇臂轴安装在气缸盖上，两者相距较远，推杆较长；凸轮轴距曲轴较近，两者之间采用正时齿轮传动。

（6）凸轮轴的轴承及润滑。

凸轮轴的轴承多采用压入气缸体承孔中的衬套。有些顶置凸轮轴式发动机不采用衬套，轴颈直接与气缸盖上镗出的承孔配合。

凸轮轴轴承和轴颈采用压力润滑，在气缸体或气缸盖上钻有油道，与轴承相通。

2. 挺柱

挺柱是气门传动组除凸轮轴外的一个主要组件，是凸轮的从动件。挺柱的功用是将来

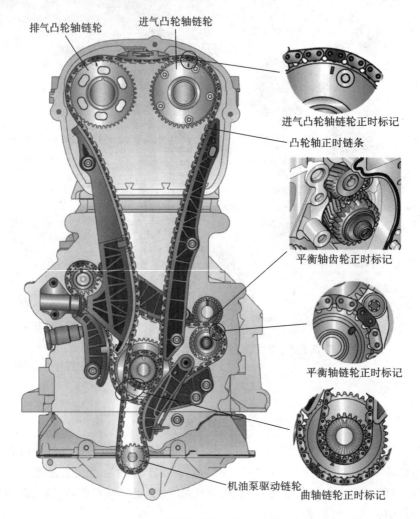

图 11-29 正时链条传动系统的正时标记

自凸轮的运动和作用力传递给推杆或气门,同时还承受凸轮所施加的侧向力并将其传递给机体或气缸盖。

挺柱可分为机械挺柱和液力挺柱两大类。机械挺柱又可分为菌式挺柱、球面挺柱、平底挺柱和滚轮式挺柱,如图 11-32 所示。

机械挺柱的一端与凸轮接触,另一端与气门接触,它的作用是将凸轮的推力传递给气门。机械挺柱的发动机使用一段时间后会产生机械磨损,因此需要调整气门间隙。菌式挺柱多用于侧置式气门的配气机构,大多数发动机采用球面挺柱或滚轮式挺柱,可显著减小摩擦力和侧向力。某些凸轮轴上置的轿车发动机,其挺柱体上部安装有调整垫片,用于调整气门间隙。

为了减小各零件间的冲击载荷和噪声,越来越多的发动机采用长度可以变化的液力挺柱,如图 11-33 所示。液力挺柱可省略调整螺钉和锁紧螺母,从而取消了气门间隙。液力挺柱时刻与凸轮轴接触,无间隙运行。液力挺柱内部运用液力来达到间隙调节的作用。液力

11 配气机构各主要零部件的功用及结构

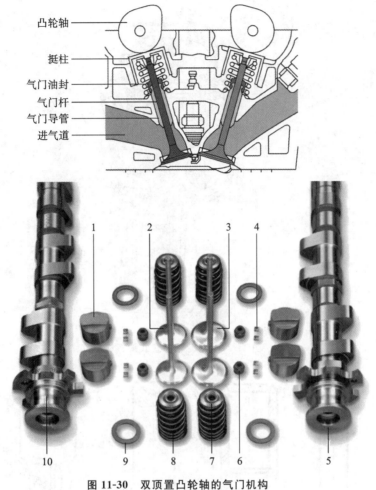

图 11-30 双顶置凸轮轴的气门机构

1—液压挺柱；2—排气门；3—进气门；4—气门锁块；5—进气凸轮轴；6—气门油封；7—上部气门弹簧座；8—气门弹簧；9—底部气门弹簧座；10—排气凸轮轴

挺柱由挺柱体、推杆座、柱塞、柱塞回位弹簧、单向阀、单向阀座、单向阀弹簧、限流阀、弹簧卡环、球座等组成。挺柱体和柱塞上有油孔与发动机机体上相应的油孔相通。球座为推杆的支承座。单向阀有片式和球式两种，如图 11-34 所示。利用单向阀的作用储存或释放机油，通过改变液力挺柱体腔内的机油压力就可以改变液力挺柱的工作长度，从而起到自动调整气门间隙的作用。液力挺柱使气门开启和关闭更快，减小了进/排气的阻力，提高了发动机的性能，特别是高速发动机的性能。

在滚子摇臂式发动机中，气门是通过一个带有液压支承元件（液压挺柱）的凸轮轴随动装置驱动的，这样可减少摩擦，减少驱动凸轮轴运动的功率损耗。液压支承元件是滚柱式凸轮随动装置的支点，而摇臂相当于一个杠杆，凸轮接触凸轮滚柱并在摇臂下压过程中打开了气门。滚子摇臂式气门机构如图 11-35 所示。

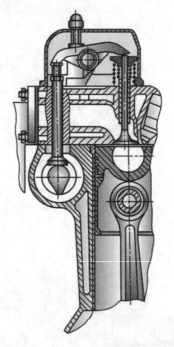

图 11-31 凸轮轴中置式配气机构

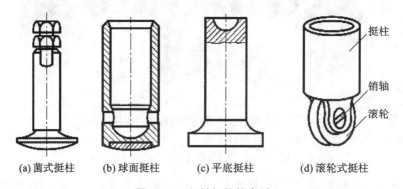

(a) 菌式挺柱　　(b) 球面挺柱　　(c) 平底挺柱　　(d) 滚轮式挺柱

图 11-32 机械挺柱的类型

3. 推杆

推杆的功用是将从凸轮轴经过挺柱传来的推力传给摇臂。

推杆一般由硬铝、钢制成。

推杆一般有实心推杆、硬铝棒、钢管等几种类型,如图 11-36 所示。采用中置式凸轮轴的配气机构或下置式凸轮轴的配气机构,凸轮是通过挺柱和推杆驱动摇臂的。推杆下端常制作成球形,与挺柱的凹球面配合,上端制作成凹球形,与气门调整螺钉球头配合。杆身部分多为空心管。

4. 摇臂和摇臂组

摇臂组主要由摇臂、摇臂轴紧固螺钉、螺栓、摇臂轴、摇臂轴支座、摇臂衬套、调整螺钉及定位弹簧等组成,如图 11-37 所示。

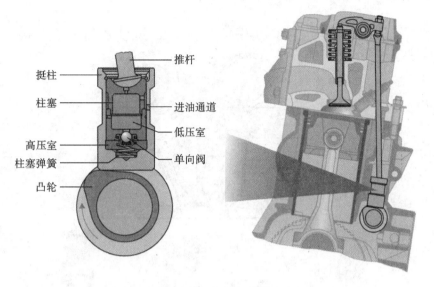

图 11-33 采用液力挺柱的凸轮轴底置气门机构

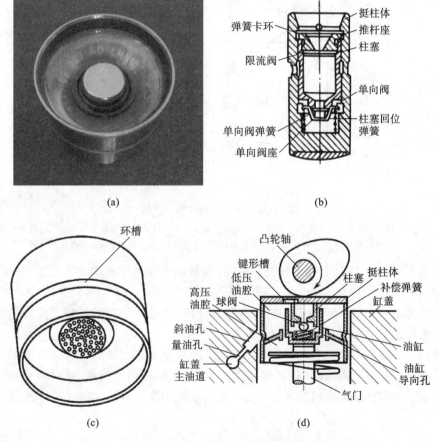

图 11-34 液力挺柱的外形及其结构

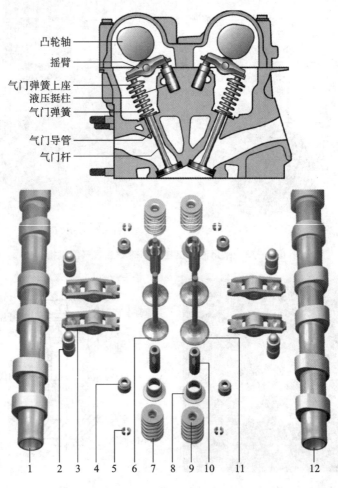

图 11-35　滚子摇臂式气门机构

1—进气凸轮轴；2—液压挺柱；3—摇臂；4—气门油封；5—气门锁块；6—进气门；7—气门弹簧；
8—底部气门弹簧座；9—上部气门弹簧座；10—气门导管；11—排气门；12—排气凸轮轴

摇臂轴为空心轴，安装在摇臂轴支座孔内，摇臂轴支座用螺栓固定在气缸盖上。摇臂安装在摇臂轴上。

气门摇臂是一个以中间轴孔为支点的不等臂杠杆，是一个双臂杠杆。摇臂的功用是将推杆和凸轮传来的力作用到气门杆以推开气门。

摇臂长臂一端用于推动气门，这样可使气门的升程大于凸轮的升程。长臂的端头与气门杆尾端接触的部位成圆弧状，当摇臂摆动时，可沿气门杆端面滚滑，这样可使二者之间的力尽可能地沿气门杆轴线作用。从摇臂短臂端的螺孔中旋入，可调整气门间隙的调整螺钉。

11　配气机构各主要零部件的功用及结构

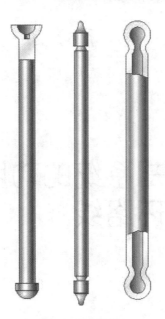

图 11-36　推杆

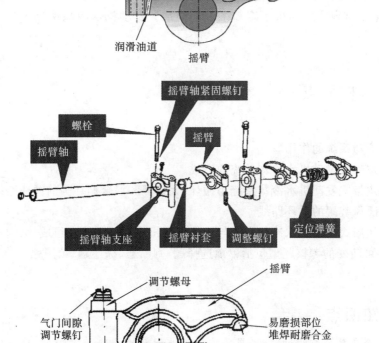

图 11-37　摇臂和摇臂组结构

12 发动机水冷却系统的功用、组成及其循环路线

提示

本节考查发动机水冷却系统的功用、组成及其循环路线。由于发动机水冷却系统的组成部分有所不同,因此,除了理解传统皮带式发动机水冷却系统的功用、组成及其循环路线外,还要理解电子风扇式发动机水冷却系统的组成。发动机水冷却系统包括汽车暖风装置的循环路线。

考核要点

本节的考核知识点如下。
(1) 汽车冷却系统的作用。
(2) 传统皮带式发动机水冷却系统的组成。
(3) 传统皮带式发动机水冷却系统小循环、大循环和混合循环等的循环路线。
(4) 汽车暖风装置的循环路线。
(5) 电子风扇式发动机水冷却系统与传统发动机水冷却系统在组成、结构上的区别。
上述内容可转变的考核题型包括单项选择题、判断题、综述题、填图题。

知识点

发动机水冷却系统有两种,一种是传统皮带式发动机水冷却系统,一种是电子风扇式发动机水冷却系统。

一、传统皮带式发动机水冷却系统的功用、组成及其循环路线

1. 汽车冷却系统的作用

冷却系统的主要工作是将热量散发到空气中,以防止发动机过热。汽车中的发动机在适当的高温状态下运行最好。如果发动机变冷,就会加快组件的磨损,从而使发动机效率下降,并且排出更多的污染物。因此,冷却系统的另一个重要作用是使发动机尽快升温,并使其保持恒温。

2. 传统皮带式发动机水冷却系统的组成

传统皮带式发动机水冷却系统主要由散热器(水箱)、水泵、风扇、冷却水套和温度调节装置(节温器和水温传感器)、水管等组成,如图12-1所示。

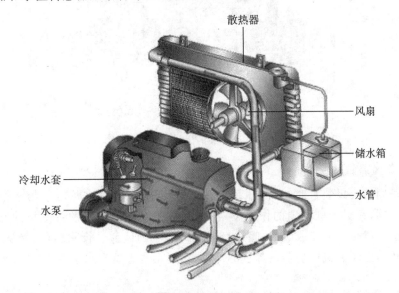

图12-1 传统皮带式发动机水冷却系统的组成

3. 传统皮带式发动机水冷却系统的循环路线

节温器可以使冷却液有小循环、大循环(见图12-2)和混合循环等循环路线。

(1) 小循环。当发动机水温低于70℃时,节温器主阀门关闭,副阀门打开。气缸盖至散热器的冷却液通道被切断。冷却液由气缸盖水套流出,经节温器副阀门座、旁通管进入水泵,并经水泵送入气缸体水套。由于冷却液不经散热器散热,因此发动机温度可迅速升高。这种循环方式称为小循环。

(2) 大循环。当发动机水温高于80℃时,节温器主阀门打开,副阀门关闭。冷却液全部由主阀门座进入散热器散热,水温迅速下降,然后由水泵送入气缸体水套。这种循环方式称为大循环。

(3) 混合循环。当水温在70℃~80℃时,节温器主阀门、副阀门都处于部分开启状态,此时大循环、小循环都存在,只有部分冷却液流经散热器进行散热。

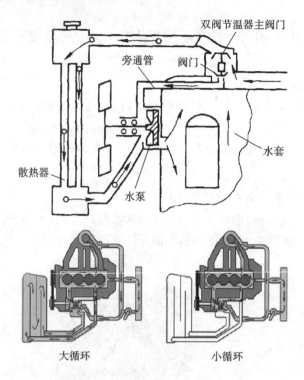

图 12-2　冷却液的大循环和小循环

4. 汽车暖风装置

当打开车内的暖风装置时,在冷却系统压力作用下,部分热水从缸盖出水铜管引出,进入暖风机散热器,在暖风机风扇的作用下,流经暖风机散热器水芯的带热量的冷却液,被暖风机风扇吹出的风带走而变成暖风,暖风经过送风管吹到风窗进行除霜,或者从风门吹出供驾驶室内取暖。由暖风机散热器冷却过的冷却液,经出水管返回水泵进水管,重新参加循环。

二、电子风扇式发动机水冷却系统的功用、组成及其循环路线

传统发动机冷却系统是指由发动机驱动风扇进行散热的一种车辆冷却系统。电子风扇式发动机冷却系统又名发动机智能冷却系统、发动机热管理系统、发动机电子风扇智能温控系统,是一种利用电控风扇进行自动恒温散热的冷却系统。

1. 电子风扇式发动机水冷却系统和传统发动机水冷却系统的区别

电子风扇式发动机水冷却系统和传统发动机水冷却系统的区别主要有以下几个方面。

(1) 发动机水冷却系统自身功耗不同。

传统发动机水冷却系统由发动机直接或者间接驱动冷却风扇进行散热,冷却风扇的转速取决于发动机的转速,传统风扇直接消耗发动机 10% 以上的电功率。电子风扇式发动机水冷却系统不直接联系发动机,其消耗的电功率约为传统冷却风扇消耗的电功率的 10%。

(2) 发动机水冷却系统散热风扇驱动方式不同。

发动机冷却普遍采用水冷方式,而水冷需要借助散热风扇带走热量,所以散热风扇是发动机水冷却系统不可缺少的部件。如图 12-3 所示,传统发动机水冷却系统散热风扇由发动机通过曲轴和皮带进行驱动,发动机启动,散热风扇就运行。电子风扇式发动机水冷却系统的散热风扇是一种电子风扇,而非发动机驱动。电子风扇式发动机水冷却系统通过分散在发动机进/出水口和中冷器进/出气口的传感器监测水温、气温,并实时传递给散热风扇 ECU(电子控制单元)。ECU 根据温度数值实时控制散热风扇开、关和无级变速。

图 12-3 发动机直接驱动的散热风扇

(3) 发动机水冷却系统组成部分不同。

电子风扇式发动机水冷却系统主要由散热器(包括水箱和中冷器)、冷却风扇、水泵、冷却水套、管路、冷却液、膨胀水箱、电控系统、传感器、ECU 控制器和线束等组成。

(4) 发动机水冷却系统安装布置方式不同。

传统发动机水冷却系统中的水箱和中冷器串联布置,与冷却风扇位于同一风道中,维修保养不方便,而且不利于发动机散热。电子风扇式发动机水冷却系统中的水箱和中冷器并联布置,进行模块化管理,安装位置灵活。同时,维修保养方面也非常便捷,利于发动机散热。

(5) 发动机冷却效果不同。

发动机水冷却系统就是用来给发动机散热,使发动机处于正常工作温度范围。所以冷却效果是检验发动机水冷却系统最好的标准。传统发动机水冷却系统由于自身结构、工作原理等因素的制约,无法保证水气温度处于合理范围,无法做到智能温控和按需散热。电子风扇式发动机水冷却系统通过 ECU 智能控制冷却风扇散热,可以保证发动机实时处于最佳的温度范围内,按需散热。

2. 工作环路

电子风扇式发动机水冷却系统和传统发动机水冷却系统的工作环路是一样的。

13 发动机水冷却系统主要零部件的构造和作用

提示

本节考点是发动机水冷却系统主要零部件的构造和作用,没有明确是什么类型的发动机水冷却系统。而现在的车辆普遍配置电控发动机水冷却系统,因此,除了掌握传统的发动机水冷却系统主要零部件的构造和作用外,还要掌握电控发动机水冷却系统主要零部件的构造和作用。

考核要点

本节主要考核以下内容。
(1) 传统皮带式发动机水冷却系统中散热器(水箱)、水泵、风扇、冷却水套、节温器、水温传感器、管路、冷却液的构造和作用。
(2) 电子风扇式发动机水冷却系统中电动风扇的构造和作用。
(3) 电控发动机水冷却系统中中冷器、节温器、冷却风扇、膨胀水箱、传感器、ECU 控制系统的构造和作用。
上述内容可转换的考核题型包含单项选择题、判断题、综述题、填图题。

知识点

发动机水冷却系统有三种,第一种是传统皮带式发动机水冷却系统,第二种是电子风扇式发动机水冷却系统,第三种是电控发动机水冷却系统。

传统皮带式发动机水冷却系统主要由散热器(水箱)、水泵、冷却风扇、溢流管、水温传感器、软管、水套、补偿管、节温器、膨胀水箱等组成,如图 13-1 所示。

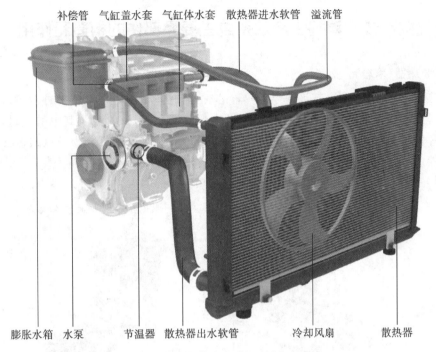

图 13-1 传统皮带式发动机水冷却系统

电控发动机水冷却系统除包括传统皮带式发动机水冷却系统组成外,还包括中冷器、油冷器、传感器、电子控制单元和线束等,如图 13-2 所示。

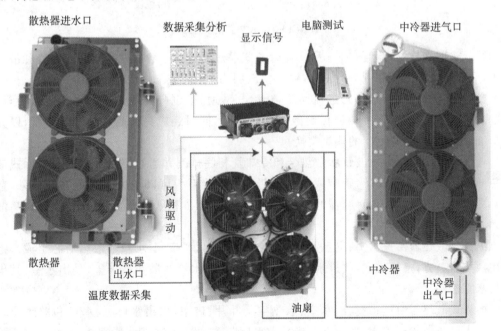

图 13-2 电控发动机水冷却系统

一、传统皮带式发动机水冷却系统主要零部件的构造和作用

1. 散热器（水箱）

散热器俗称水箱，当冷却液流经散热器芯时，因其热量通过散热器芯外温度较低的空气带走而得到冷却。散热器的主要作用是，当冷却液流经时，及时吸收其中的热量，通过内置的散热片传导热量。按照散热器中冷却液流动的方向，散热器可分为横流式散热器和纵流式散热器两种类型。其中前者的散热器芯横向布置，后者的散热器芯竖直布置。散热器芯部的结构主要有管片式散热器芯部和管带式散热器芯部两大类，如图 13-3 所示。

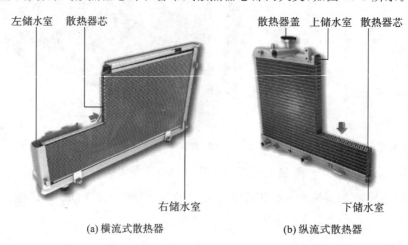

(a) 横流式散热器　　(b) 纵流式散热器

图 13-3　散热器的类型

管片式散热器芯部如图 13-4 所示。管片式散热器芯部一般由许多细的冷却管和散热片构成，冷却管大多采用扁圆形截面，以减小空气阻力，增加传热面积。

散热器芯部应具有足够的通流面积，让冷却液通过，也应具备足够的空气通流面积，让足量的空气通过，以带走冷却液传给散热器的热量，同时还应具有足够的散热面积，以完成冷却液、空气和散热片之间的热量交换。

管带式散热器芯部由波纹状散热带和冷却管相间排列并通过焊接而成。与管片式散热器芯部相比，在同样条件下，管带式散热器芯部的散热面积可以增加 12% 左右。另外，散热器上开有扰动气流的类似百叶窗的孔，以破坏流动空气在散热器表面上的附着层，提高散热能力。

纵流式散热器由进水室、出水室、散热空气叶片、上水箱、下水箱和散热器芯组成。上水箱在散热器上方，是进水室，其进水口与水管连接。下水箱在散热器下方，是出水室，其出水口与水管连接。

横流式散热器由进水室、出水室、散热空气叶片、进水口、出水口、放水口和散热器芯组成。出水口在散热器下方，与水管连接。进水口在散热器上方，与水管连接，如图 13-5 所示。

当热水由进水口流到出水口时，由散热空气叶片构成孔道，由风扇的抽吸及车子前进行驶时的相对风速，使大量的冷空气经过空气孔道，将流经水管中冷却水的热量吸收，再发散

13 发动机水冷却系统主要零部件的构造和作用　121

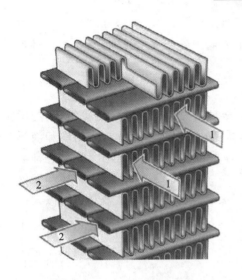

图 13-4　管片式散热器芯部
1—气流方向；2—冷却液方向

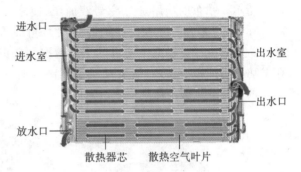

图 13-5　横流式散热器的结构

于大气中，热水变为温水。

散热器盖俗称水箱盖，如图 13-6 所示。水箱的加水口平时用水箱盖严密盖住，以防水箱内的冷却液膨胀溢出。但如果压力太大，那么可能会把水箱撑裂；而当水温下降时，水箱内因冷却液冷却收缩，会产生一定的真空，又可能使水箱被外部气压压瘪。为此，在水箱盖上设置了压力阀和真空阀，它们是两个在弹簧作用下处于常闭状态的单向阀，故平时水箱内部是与外界大气隔开的。

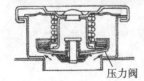

(a) 冷却系内压力上升时(压力阀开启)

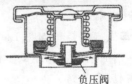

(b) 冷却系内为负压时(负压阀开启)

图 13-6　散热器盖的结构和工作原理

当水箱内冷却液膨胀、压力升高到一定数值时,压力阀开启,一部分冷却液经溢流管流入膨胀水箱。停机后,冷却液降温收缩,使水箱内的压力低于外部大气压时,真空阀被外部气压向下压开,膨胀水箱内的冷却液部分流回水箱。

2. 水泵

水泵主要由水泵盖、水泵叶轮、水泵轴、水泵轴承、密封组件和水泵皮带轮等组成,如图13-7所示。水泵的功用是对冷却液加压,使之在冷却系统中加速循环流动,强制冷却液循环,如图13-8所示。水泵由曲轴带动,水泵叶轮推动冷却液在整个系统内循环。这些冷却液对发动机的冷却要根据发动机的工作情况而随时调节。当发动机温度低的时候,冷却液就在发动机内部做小循环,当发动机温度高的时候,冷却液就在发动机及散热器之间做大循环。汽车发动机多使用离心式水泵。

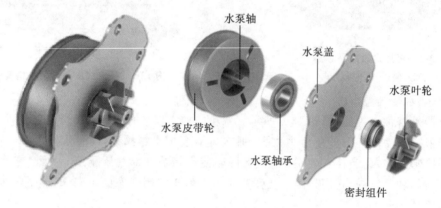

图13-7 水泵的结构

3. 冷却风扇

冷却风扇是发动机冷却系统中的一个重要部件,如图13-9所示。冷却风扇常用类型一般有机械传动式风扇、离合器风扇、电动风扇。

冷却风扇安装在散热器后面。其功用是增强流经散热器的空气流速和流量,当风扇旋转时,产生轴向吸力,使大量空气流过散热器芯,将芯内冷却液散发出的热量带走,从而使散热器芯内、外保持较大的温差,以提高散热器的散热效果。冷却风扇工作的好坏不但直接影响到散热器的散热效率,而且影响到发动机的正常使用和可靠性。

多数发动机的冷却风扇外围设有一个护风罩,护风罩固定在散热器上。护风罩的作用是使通过散热器芯的气流分布均匀。

(1) 机械传动式风扇。

机械传动式冷却风扇的结构如图13-10所示。该风扇位于散热器与机体之间,与水泵安装在同一根轴上,并由曲轴皮带轮驱动。该风扇与皮带轮轮毂用螺栓连接,由发动机曲轴皮带轮直接或间接带动风扇旋转。

各条皮带的松紧度应按规定调整。风扇皮带的松紧度过松,会造成风扇皮带轮转速下降,水箱散热量减弱,使发动机工作温度升高,同时使发电机输出电流下降或不稳定。但风扇皮带的松紧度也不是越紧越好,风扇皮带过紧,会使轴承负荷过大,磨损加剧,功率消耗增

13 发动机水冷却系统主要零部件的构造和作用

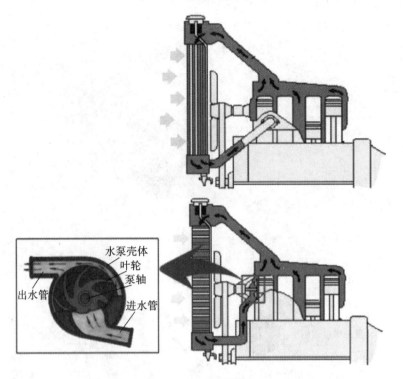

图 13-8 水泵加压，冷却液加速循环流动

(a) 机械传动式风扇：由曲轴皮带轮驱动

(b) 离合器风扇：由风扇离合器调节冷却强度

(c) 电动风扇：由风扇电动机驱动

图 13-9 冷却风扇的类型

加，同时也会使水泵轴弯曲，皮带拉长变形，寿命缩短。因此，风扇皮带应该保持松紧度适当，必要时应予以调整。检查皮带松紧度的方法：用手指或直尺以 30～50 N 压力压在皮带中间，皮带下挠 10～20 mm 为宜。有的发动机安装两条皮带，有的发动机安装三条或四条皮带。每个皮带轮应在同一个平面上，皮带安装时不能扭曲。如皮带严重磨损或折断，应及时更换。如果风扇皮带是两根，那么更换时必须同时更换，以免其松紧不一，用力不均，引起故障。

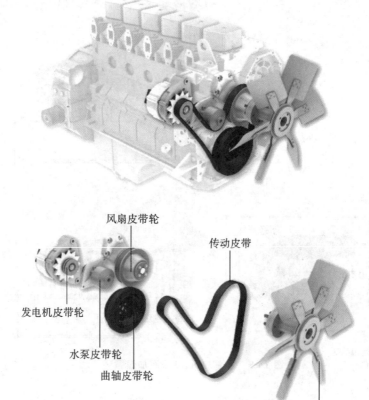

图 13-10 机械传动式冷却风扇的结构

（2）离合器风扇。

与普通风扇相比，离合器风扇在皮带轮和扇叶轮毂间加装了风扇离合器，通过离合器的分离、接合来调整风扇的工作状态。这样不但保证了发动机的正常工作温度，而且减少了发动机的功率损失，降低了燃油消耗。常见的离合器风扇有电磁离合器风扇和硅油离合器风扇两种。

电磁离合器风扇，当冷却液温度达到规定值时，冷却液温度传感器开关或空气温度传感器开关自动接通电路，离合器线圈通电形成闭合磁路产生磁拉力，使衔铁与皮带轮接合，风扇工作；当冷却液温度下降后，传感器开关断开，衔铁在膜片弹簧的作用下迅速复位，离合器分开，风扇停止工作。

硅油离合器风扇如图 13-11 所示，当发动机温度高时，处于闭合状态，风扇工作，降低散热器的温度；当发动机温度低时，风扇离合器自动脱开，风扇不转，节省发动机功率并使冷却水温升高。

（3）电动风扇。

现代轿车已经普遍使用电动风扇，如图 13-12 所示。汽车电动风扇由导风罩、冷却风扇和电动机构成。

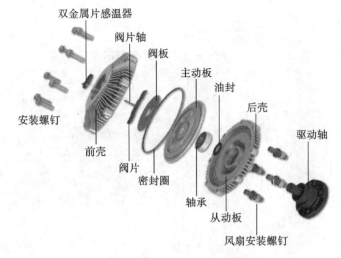

图 13-11 硅油离合器风扇的结构

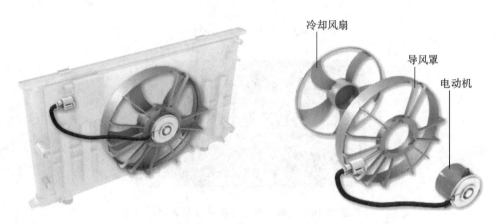

图 13-12 电动风扇的结构

电动风扇有两种控制方式,一种是通过温度传感器控制(热敏感开关控制)的,另一种是通过发动机控制单元控制的。

通过温度传感器控制的电动风扇由电动机直接带动。散热器风扇的启动或关闭取决于冷却液温度,与时间没有关系,是由散热器上面的热敏感开关控制的,是自动开启的,无法手动控制。汽车散热器风扇分低、中、高温转速挡位。低温时不会启动,当散热器内的冷却液达到一定温度时,热敏感开关就会开启散热器风扇,当冷却液温度达到更高温度时,热敏感开关就会提高转速。当冷却液温度降到一定温度后,会自动关闭散热器风扇。

4. 冷却水套

如图 13-13 所示,水冷式发动机的缸体在制造时会铸有水套。如图 13-14 所示,缸体上的冷却水套在气缸周围,而气缸盖里的冷却水套则在燃烧室周围,利用冷却液的循环带走热能。

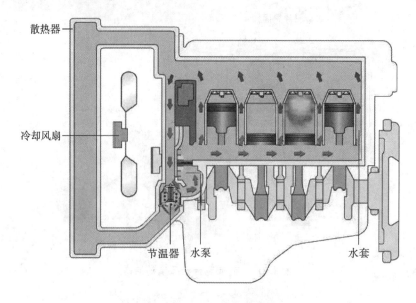

图 13-13　水冷式发动机的缸体

图 13-14　缸体上气缸周围的冷却水套

5. 节温器

节温器的作用：随发动机负荷和水温的大小而自动改变冷却液的流量和循环路线，保证发动机在适宜的温度下工作，减少燃料消耗和机件的磨损。

如图 13-15 所示，蜡式节温器的结构：蜡式节温器由上支架、下支架、主阀门、副阀门、石蜡、中心杆、橡胶管和弹簧等组成。节温器大多数布置在气缸盖出水管路中，其优点是结构简单，容易排除冷却系统中的气泡；缺点是节温器在工作时经常开闭，产生振荡现象。

常温下石蜡呈固态，主阀门被主阀门弹簧压紧在阀座上，处于关闭状态（主阀门控制气缸盖至散热器的冷却液大循环通道，当其关闭时通道被切断），此时冷却液只能进行小循环，如图 13-16 所示。

当发动机水温升高时，石蜡变成液态，体积膨胀。橡胶管在石蜡的挤压下，向上产生变形位移，于是使中心杆向上伸出一段长度。由于中心杆的上端是在节温器支架上固定不动的，所以只能把作为自由端的中心杆及阀门向下推移，使主阀门逐渐打开。

13 发动机水冷却系统主要零部件的构造和作用

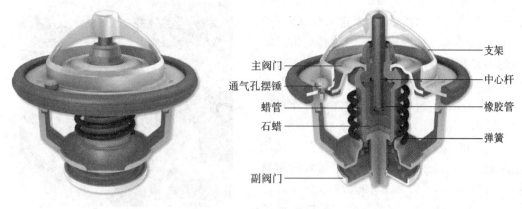

图 13-15 蜡式节温器的结构

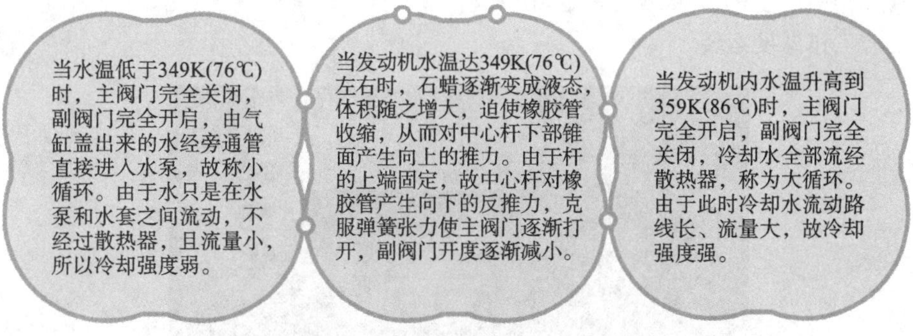

当水温低于349K(76℃)时,主阀门完全关闭,副阀门完全开启,由气缸盖出来的水经旁通管直接进入水泵,故称小循环。由于水只是在水泵和水套之间流动,不经过散热器,且流量小,所以冷却强度弱。

当发动机水温达349K(76℃)左右时,石蜡逐渐变成液态,体积随之增大,迫使橡胶管收缩,从而对中心杆下部锥面产生向上的推力。由于杆的上端固定,故中心杆对橡胶管产生向下的反推力,克服弹簧张力使主阀门逐渐打开,副阀门开度逐渐减小。

当发动机内水温升高到359K(86℃)时,主阀门完全开启,副阀门完全关闭,冷却水全部流经散热器,称为大循环。由于此时冷却水流动路线长、流量大,故冷却强度强。

图 13-16 蜡式节温器的工作原理

6. 温度传感器(热敏开关、水温开关)

有热敏开关的车就没有经过电脑板,直接由热敏开关控制继电器带动风扇。热敏开关利用优质碟形双金属片作为温度采样元件,将水温开关安装在散热器温度敏感部位,动态采集散热器内水的温度变化,通过碟形金属片在温度下产生变形,并通过温度点暂态跳动的原理,配合机构的作用,使两触点迅速接通,启动风扇,如图 13-17 所示。

温度传感器(实际上是一个温控阀,不是水温表温度传感器)探测到水箱温度超过阈值,则风扇继电器吸合;风扇电路通过风扇继电器导通,风扇电机启动。当散热器温度传感器探测到散热器温度低于阈值时,风扇继电器分离,风扇电机停止工作。影响风扇工作的因素是水箱温度,与发动机水温没有直接关系。

7. 冷却液

最早,汽车的冷却以普通水为媒介,由于水的沸点是100℃,所以,当水箱散热不佳时,很容易沸腾,严重时还会粘缸。另外,水很容易产生水垢,堵塞冷却管道,从而影响冷却效果。而冷却液的使用,有效地解决了上述问题。

现在汽车散热器里面的冷却水不是单纯的水,而是由水(符合饮用水质量)、防冻液(通常为乙二醇)和各种专门用途的防腐剂组成的混合物,也称冷却液。这些冷却液中的防冻液含量占30%~50%,提高了液体的沸点,在一定工作压力之下,轿车冷却液的允许工作温度可达120℃,超过了水的沸点且不容易蒸发。

如图13-18所示,倒入储液罐的发动机冷却液由乙二醇、防腐蚀添加剂、抗泡沫添加剂和水组成,其中,乙二醇是扩大液体适应温度区间的核心成分,有一定的毒性。乙二醇通过与水的融合,在发动机冷却系统中循环流动,将发动机工作中产生的多余热能带走,使发动机能以正常工作温度运转。

图13-17 温度传感器(热敏开关、水温开关)

图13-18 倒入储液罐的发动机冷却液

高浓度的冷却液可在-60℃至197℃内不沸腾、不结冰。厂家会根据地区以及使用情况的不同来调整冷却液中乙二醇的添加比例。冷却液用水最好是软水,可防止发动机水套产生水垢,造成传热受阻、发动机过热。在水中加入防冻剂同时提高了冷却液的沸点,可起到防止冷却液过早沸腾的附加作用。另外,冷却液中还含有泡沫抑制剂,可以抑制空气在水泵叶轮搅动下产生泡沫,妨碍水套壁散热。

因此,发动机冷却液具有五大功能:冷却功能、防腐蚀功能、防冻功能、防垢功能、防沸功能。

一般冷却液有两种:乙二醇与水型防冻液和丙二醇与水型防冻液。如图13-19所示,不同品牌车型所使用的冷却液颜色不同,有粉色的,有绿色的,还有蓝色的等,这些都是着色剂缔造的不同颜色效果,为的是在冷却液发生泄漏时,可以更为醒目地被人所察觉,而颜色上的差异也会很醒目地区分出不同的产品,防止错误添加不适用的产品。

当冷却液不足时,发动机水温过高,从而导致发动机机件的损坏。所以一旦发现冷却液不足,应该及时添加,如图13-20所示。

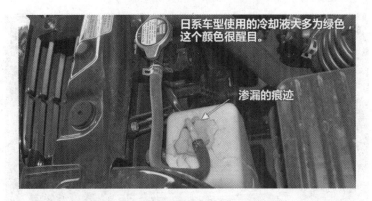

图 13-19 冷却液加颜色的目的之一

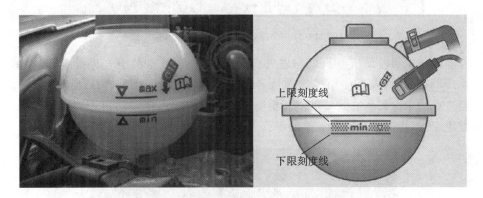

图 13-20 储液罐上发动机冷却液的上下限刻度线

二、电控发动机水冷却系统主要零部件的构造和作用

电控发动机水冷却系统中的散热器、水泵、冷却水套、管路、冷却液的构造和作用与传统皮带式发动机水冷却系统中的一样。

不同的是,电控发动机水冷却系统中的散热器包括水箱和中冷器,节温器结构有所变化,冷却风扇的控制方式不同。还包括膨胀水箱、传感器、ECU 控制器、电控系统和线束等。

1. 中冷器

高温气体对发动机的影响主要有两点:一是空气体积增大,相当于发动机吸进的空气变少;二是高温空气对发动机燃烧特别不利,功率会下降、排放会变差。在相同的燃烧比条件下,增压空气的温度每上升 10℃,发动机功率就会下降 3%～5%。这个问题就非常严重了,好不容易增加的功率会被空气温度过高而抵消。为了解决这些问题,需要把增压后的空气冷却后再送进发动机。而承担这一重任的部件就是中冷器,如图 13-21 所示。

中冷器是增压发动机里非常重要的部件。中冷器的结构与冷却液散热器的结构相似,一般由铝合金材料制成。按照冷却介质的不同,中冷器可以分为风冷式中冷器和水冷式中冷器两种。风冷式中冷器利用外界空气对通过中冷器的空气进行冷却。水冷式中冷器利用循环冷却水对通过中冷器的空气进行冷却。

中冷器能够有效冷却增压后的高温空气，在相同的燃烧比条件下，增压空气的温度每上升10℃，发动机功率就能提高下降3%～5%。

图 13-21　中冷器的安装位置和作用

中冷器安装在涡轮增压器出口与进气管之间，对进入气缸的空气进行冷却，如图 13-22 所示。中冷器就像散热器，使用风冷却或者水冷却，空气的热量通过冷却而逸散到大气中去。性能良好的中冷器能有效降低空气温度，提高进气压力，使发动机压缩比能保持一定值而不会发生爆燃，提高发动机的有效功率。

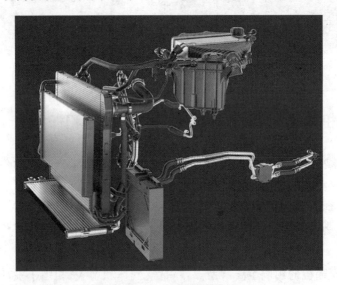

图 13-22　中冷器的连接部位

2. 电控冷却风扇

电控冷却风扇的作用就是降低流经散热器的冷却液的温度。电控冷却风扇用于控制发动机的水温不能过高。它由水温传感器、散热器风扇、发动机控制器等组成，如图 13-23 所示。

电控冷却风扇由自身的风扇电动机带动，由 ECU 控制器通过传感器温度数值进行控制，可以实现有级或无级变速，按需散热。

13 发动机水冷却系统主要零部件的构造和作用

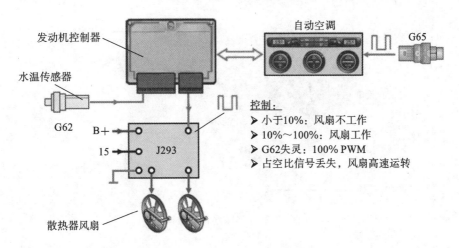

图 13-23 电控冷却风扇的控制

当冷却液温度低于设定的下限温度时,风扇停止运转;当冷却液温度高于设定的上限最低温度时,风扇低速运转;当温度升至上限的最高温度时,风扇高速运转;当冷却液温度降至设定的下限温度时,风扇又变为低速运转。

ECU对风扇电动机进行动态的温度控制精准到1℃的范围,能减少发动机的动力消耗,而且刚熄火的发动机仍处于高温,电控风扇能持续运转降温直到冷却水低于设定的低温为止。

3. 膨胀水箱

为了防止冷却液损失,在冷却系统设置了膨胀水箱(亦称补偿水桶、储液罐或副水箱),膨胀水箱用橡胶软管与散热器的溢流管相连。当冷却液在水箱内受热膨胀时,散热器盖中的压力阀开启,使冷却液进入膨胀水箱(液面升高),而当温度下降时,水箱内产生真空,散热器盖中的真空阀开启,使膨胀水箱内的冷却液流回水箱(液面降低)。当水温低于50℃时,膨胀水箱的液面高度不应低于水桶上的低刻线,否则应补充冷却液,但液面高度不应超过高刻线。

膨胀水箱还可消除水冷却系统中产生的空气或气泡。冷却液中的气泡浮出后,可经膨胀水箱加液口盖上的通气孔逸入大气。

(1) 膨胀水箱的结构。

膨胀水箱多采用半透明材料(如塑料)制成,通过箱体可直接方便地观察到液面高度,无须打开盖子。膨胀水箱的上部用一个较细的软管与散热器的加水管相连,底部通过水管与水泵的进水侧相连,通常位置略高于散热器,如图13-24所示。

(2) 膨胀水箱的作用。

①将冷却系统变成永久性封闭系统,减少了冷却液的损失。
②避免空气不断进入,避免了机件的氧化腐蚀。
③减少了穴蚀。
④使冷却系统中水、汽分离,保持系统内压力稳定,提高了水泵的泵水量。

膨胀水箱上有两条刻线,冷却液应加到上刻线(FULL),当液面降到下刻线(LOW)时,应及时补充。

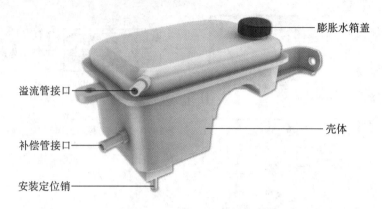

图 13-24 膨胀水箱的结构

4. 传感器

汽车水温传感器(见图 13-25)安装在发动机缸体或缸盖的水套上(见图 13-26),与冷却液直接接触,用于测量发动机的冷却液温度,并显示在仪表上。如图 13-27 所示,冷却液温度检测使用的温度传感器是一个负温度系数(NTC)热敏电阻,其阻值随温度的升高而下降,由一根导线与电子控制单元(ECU)相连。电子控制单元根据这一变化测得发动机冷却水的温度,温度越低,电阻越大;反之电阻越小。电子控制单元根据这一变化测得发动机冷却水的温度,作为燃油喷射和点火正时的修正号。

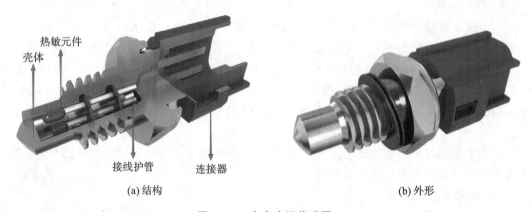

图 13-25 汽车水温传感器

5. 节温器

(1) 温控驱动元件的改进。

节温器是以石蜡节温器为母体、以一根圆柱卷簧状铜基形状记忆合金为温控驱动元件开发出的一种新型节温器。该节温器在汽车启动缸体温度较低时偏置弹簧,压缩合金弹簧使主阀门关闭、副阀门打开,进行小循环,当冷却液温度升到一定值时,记忆合金弹簧膨胀,压缩偏置弹簧使节温器主阀门打开,且随着冷却液温度的升高,主阀门开度逐渐增加、副阀门逐渐关闭,进行大循环。

记忆合金作为温控单元,使得阀门开启动作随温度的变化比较平缓,有利于减少内燃机

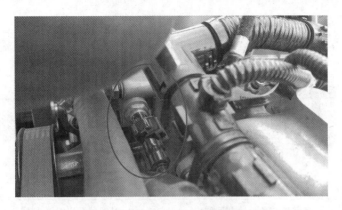

图 13-26 汽车水温传感器的安装位置

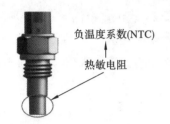

图 13-27 水温传感器中的负温度系数热敏电阻

启动时水箱内的低温冷却水对缸体造成的热应力冲击,同时延长了节温器的使用寿命。但是该节温器是在蜡式节温器的基础上改造而来的,温控驱动原件的结构设计受到一定程度的限制。

(2) 阀门的改进。

节温器对冷却液具有节流作用,冷却液流经节温器的沿程损失导致内燃机的功率损失是不可忽视的。将节温器的阀门设计成侧壁带孔的薄型圆筒,由侧孔和中孔形成液流通道,并选用黄铜或者铝作为阀门的材料,使阀门表面光滑,从而达到降低阻力的效果,提高节温器的工作效率。

(3) 冷却介质的流动回路优化。

理想的内燃机热工作状态是,气缸盖温度较低,而气缸体温度相对较高。为此,出现了分流式冷却系统,而节温器的结构及安装位置在其中扮演着重要角色,如广泛采用的双节温器联合工作的安装结构,两个节温器安装在同一个支架上,温度传感器安装在第二个节温器处,冷却液流量的 1/3 用来冷却气缸体,冷却液流量的 2/3 用来冷却气缸盖。

(4) 节温器加热器控制系统。

常规节温器阀只能根据冷却液的温度而移动。节温器刚打开时的温度是固定的,不可调整。电子节温器阀由冷却液温度和发动机控制模块的内置加热器驱动,如图 13-28 所示。发动机控制模块通过向节温器加热器控制电路提供脉宽调制的搭铁来控制加热器。在冷却系统中,达到理想的发动机冷却液温度可以使车辆降低油耗,并在城市道路行驶或低速巡航中减少尾气排放。

温度控制使发动机在 98℃ 的高温下运行而不致损坏,即在发动机部分负荷范围,由发动机控制模块所控制的节温器,仍像传统的节温器一样可在没有电流的情况下工作。其他情况下,当 98℃ 的冷却液温度对发动机运行产生不利影响时,即所称的全负荷范围时,通过电阻加热器的帮助,可使得膨胀部件加热,以防止出现高温。数秒钟内,连接至大循环冷却回路,使主阀门开启或是扩大,如此一来,将使得发动机温度降低到大约 80℃。

电阻加热器直接连接至膨胀部件,并且由发动机控制模块所控制。发动机控制模块利

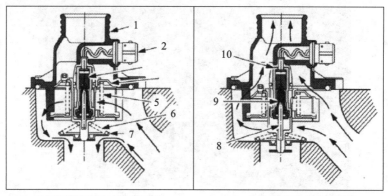

(a) 节温器关闭(小冷却回路)　　　　(b) 节温器开启(大冷却回路)

图 13-28　电子节温器的控制过程

1—外壳；2—电路接头；3—电阻加热器；4—主阀门；5—主阀门弹簧；6—旁通回路阀门弹簧；
7—旁通回路阀门碟盘；8——工作活塞；9—膨胀部件；10—控制部件

用发动机冷却液温度传感器、进气温度传感器、负荷信号、车速传感器等输入信号，以对节温器进行精确的控制。

6. ECU 控制器和发动机电控系统

冷却液温度传感器可测得发动机冷却水的温度，温度越低，电阻越大；反之电阻越小。电子控制单元根据这一变化测得发动机冷却水的温度，可作为燃油喷射和点火正时的修正值。也就是可以通过发动机冷却水的温度了解汽车现在的运行状态，是停止或者运动，或者运动的时间有多长等。

电控风扇可根据发动机电脑的需要在不同条件下开启散热风扇，如发动机管理系统因某个传感器而进入故障管理模式，外部或内部温度不利于发动机工作时等。发动机电脑通过水温传感器监测发动机的温度，以判断散热风扇开启的时间。

发动机冷却系统使用一个高速和一个低风扇继电器，对风扇进行低、中、高速或无级控制，即按需散热。

冷却液温度传感器布置在水箱进/出水口，可以实时监测水温并传递到 ECU 控制器。发动机电控系统可以实现 CAN 总线通信。

14

发动机润滑系统的作用、组成和润滑形式

提示

由于现在车辆的发动机润滑系统中普遍有散热系统和通风系统,因此在发动机润滑系统的组成中不能遗漏散热系统和通风系统。

考核要点

本节主要考核以下内容。
(1) 发动机润滑系统的作用,包括润滑、清洗、冷却、密封和防蚀五大作用。
(2) 发动机润滑系统的组成,包括供给装置、滤清装置、仪表与信号指示装置、散热系统和通风系统等。
(3) 发动机润滑系统的润滑方式,包括压力润滑、飞溅润滑和定期润滑等三种。
上述内容可转换的考核题型包含单项选择题、判断题、综述题、填图题。

知识点

发动机工作时,很多传动零件都是在很小的间隙下作高速相对运动的,如曲轴主轴颈与主轴承,曲柄销与连杆轴承,凸轮轴颈与凸轮轴承,活塞、活塞环与气缸壁面,配气机构各运动副及传动齿轮副等。尽管这些零件的工作表面都经过了精细加工,但放大来看,这些表面却是凹凸不平的。发动机润滑系统的组成如图 14-1 所示。

发动机润滑系统的基本任务就是将机油不断地提供给各零件的摩擦表面,减少零件的摩擦和磨损,保证发动机正常工作。

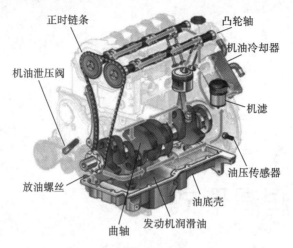

图 14-1 发动机润滑系统的组成

一、发动机润滑系统的作用

发动机润滑系统具有润滑、清洗、冷却、密封和防蚀五大作用,如图 14-2 所示。

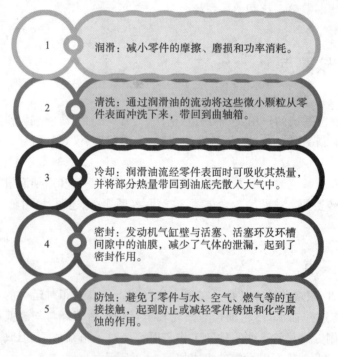

图 14-2 发动机润滑系统的五大作用

润滑:可以减小零件的摩擦、磨损和功率消耗。

清洗:通过润滑油的流动将这些微小颗粒从零件表面冲洗下来,带回到曲轴箱。

冷却:润滑油流经零件表面时可吸收其热量,并将部分热量带回到油底壳散入大气中。

密封：发动机气缸壁与活塞、活塞环及环槽间隙中的油膜，减少了气体的泄漏，起到了密封作用。

防蚀：避免了零件与水、空气、燃气等的直接接触，起到防止或减轻零件锈蚀和化学腐蚀的作用。

发动机工作时，会产生大量的热量，由热能转变为动能，进行做功。做功后的多余热量必须及时散发掉，否则，会因温度过高而损害机件。润滑油带走部分机件中的热量，以保持工作部位的温度不致过高。

发动机工作时，润滑油能把集结在机件上的污垢和摩擦产生的微小颗粒带走，以保持机件的清洁和减小磨损。

此外，机油还可以防止零件生锈。

二、发动机润滑系统的组成

发动机润滑系统一般由供给装置、滤清装置、仪表与信号指示装置、散热系统和通风系统等组成，如图14-3所示。

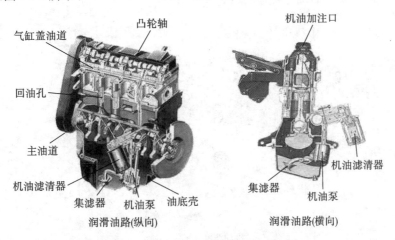

图14-3 发动机润滑系统的组成

1. 供给装置

供给装置包括机油泵、油底壳、油道、压力调节阀和限制泵油压力的限压阀等，用以保证润滑油以一定的压力、流量、路线和润滑部位进行润滑循环。

2. 滤清装置

滤清装置包括集滤器、机油粗滤器、机油细滤器、机油泵吸油管、单向阀、旁通阀、限压阀等，用以清除润滑油中的各种杂质与胶质，保证润滑油具有足够的清洁度。

3. 仪表与信号指示装置

仪表与信号指示装置包括机油尺、堵塞指示器、油压传感器、油压警报器、指示灯、机油压力表等，以使驾驶员及时了解发动机润滑系统的机油量和机油压力，确保发动机安全运转。

4. 散热系统

散热系统包括机油散热器、机油冷却喷嘴等。在增压发动机等高性能大功率发动机上，由于热负荷大，必须装设机油散热器。机油散热器布置在润滑油路中，对机油进行冷却散热或加热。有些大功率发动机上带有机油冷却喷嘴，通过向活塞内腔喷射机油，以帮助冷却散热。

5. 通风系统

通风系统包括曲轴箱通风系统等。它的作用是防止一部分可燃混合气和废气经过活塞环与气缸壁间的间隙窜入曲轴箱内。

主油泵从油底壳吸入润滑油，再把润滑油泵入机油冷器。冷却后的润滑油通过机油滤清器过滤后进入机体下部主油管，在压力作用下输送至各个润滑点。

三、发动机润滑系统的润滑形式

发动机运转时，在相对运动的机件中间保持一定的油膜并储存在各表面间，这样可使部件之间不直接产生摩擦，从而使摩擦系数下降，减小摩擦损失和机件表面的磨损，提高发动机的有效功率，确保零件的使用寿命，如图14-4所示。

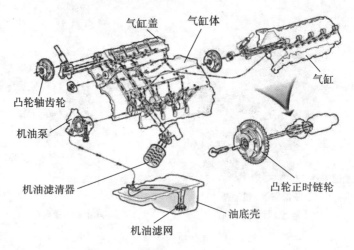

图14-4 发动机润滑油流向示意图

润滑油能密封活塞与气缸之间的间隙，润滑油形成的油膜能增加密封度，防止窜气，并且可弥补微小间隙，防止噪音的产生。

发动机各运动零件的工作条件不同，所要求的润滑强度也不同，采取的润滑方式也不同。发动机的润滑方式有压力润滑、飞溅润滑和定期润滑等三种，如图14-5所示。发动机润滑系统采用了压力润滑和飞溅润滑两种润滑方式。

利用机油泵将具有一定压力的机油经油道输送到摩擦面间隙中，以形成油膜，保证润滑，这种润滑方式称为压力润滑。曲轴主轴承、连杆轴承、凸轮轴轴承、摇臂轴等处由于承受的载荷及相对运动速度很快，所以必须采用压力润滑。压力润滑循环油路如图14-6所示。

利用发动机工作时运动零件飞溅起来的油滴或油雾来润滑零件的摩擦表面，称为飞溅润滑，如图14-7所示。气缸壁、汽油机的活塞销、配气机构的凸轮和挺柱等都采用飞溅润滑。

水泵、发电机、起动机的轴承以及分电器等采用定期加注润滑脂的方式进行润滑。

14 发动机润滑系统的作用、组成和润滑形式

压力润滑
利用机油泵将具有一定压力的机油经过油道输送到摩擦面间隙中,以形成油膜,保证润滑。例如,在曲轴主轴承、连杆轴承、凸轮轴轴承、摇臂轴等处形成油膜以保证润滑。

飞溅润滑
利用发动机工作时运动零件飞溅起来的油滴或油雾来润滑零件的摩擦表面的润滑方式称为飞溅润滑。可使裸露在外面承受载荷较轻的气缸壁,相对滑动速度较慢的活塞销,以及配气机构的凸轮表面、挺柱等得到润滑。

定期润滑
对于负荷较小的发动机辅助装置则只需定期、定量加注润滑脂进行润滑。例如水泵及发电机轴承等。它不属于润滑系统的工作范畴。近年来在发动机上采用含有耐磨润滑材料(如尼龙、二硫化钼等)的轴承来代替加注润滑脂的轴承。

图 14-5 发动机的润滑方式

润滑油路(纵向)

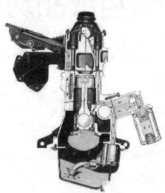
润滑油路(横向)

机油→集滤器→机油泵→10%到细滤器→油底壳
　　　　　　　　　　→90%到粗滤器→主油道
→曲轴主轴承→连杆轴承→油底壳
→凸轮轴轴承→摇臂轴→油底壳
→正时齿轮→空压机→增压器

图 14-6 压力润滑循环油路

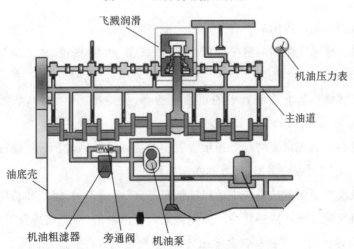

图 14-7 飞溅润滑示意图

15 发动机润滑系统主要零部件的类型、组成和功用

提示

由于有不同类型的发动机润滑系统,且各种类型的发动机润滑系统的主要零部件又有各种类型,所以涉及的内容比较多。另外,发动机润滑系统中的散热系统、润滑系统、通风系统是目前车辆发动机中普遍存在的,所以加入这部分内容。

考核要点

本节的考核要点如下。
(1) 发动机润滑系统的组成。
(2) 发动机润滑系统供给装置中的机油泵、油底壳、油管、油道、压力调节阀、限制泵油压力的限压阀的类型、组成和功用。
(3) 发动机润滑系统滤清装置中的机油集滤器、机油粗滤器、机油细滤器、机油泵吸油管、单向阀、旁通阀、限压阀的类型、组成和功用。
(4) 发动机润滑系统仪表与信号指示装置中的机油尺、堵塞指示器、油压传感器、油压警报器、指示灯、机油压力表的类型、组成和功用。
(5) 发动机润滑系统散热系统中的机油散热器、喷嘴的类型、组成和功用。
(6) 发动机润滑系统通风系统中的曲轴箱通风滤清器的作用、组成及工作原理。
上述内容可转换的考核题型包含单项选择题、判断题、综述题、填图题。

知识点

一、发动机润滑系统的组成

发动机润滑系统一般由供给装置、滤清装置、仪表与信号指示装置、散热系统和通风系统等组成。

二、供给装置

1. 机油泵

机油泵将一定量的润滑油从油底壳中抽出,再经机油泵加压后,源源不断地送至各零件表面进行润滑,维持润滑油在润滑系统中的循环。机油泵大多安装于曲轴箱内,也有些柴油机将机油泵安装于曲轴箱外面。机油泵可分为齿轮式机油泵和转子式机油泵两类。机油泵采用齿轮驱动方式,通过凸轮轴、曲轴或正时齿轮来驱动。齿轮式机油泵的外形和结构如图 15-1 所示。齿轮式机油泵的优点是效率大,功率损失小,工作可靠;其缺点是需要中间传动机构,制造成本相应较高。转子式机油泵的外形和结构如图 15-2 所示。转子式机油泵的优点是结构紧凑,供油量大,供油均匀,噪声小,吸油真空度较高。现代发动机广泛使用转子式机油泵。

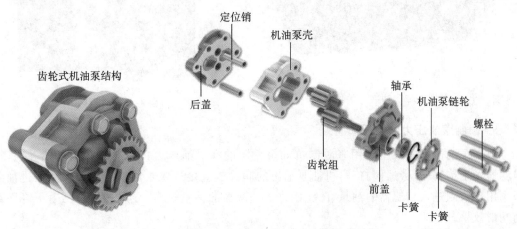

图 15-1 齿轮式机油泵的外形和结构

2. 油底壳

油底壳用来储存润滑油,如图 15-3 所示。在大多数发动机上,油底壳还起到为润滑油散热的作用。

3. 油道

油道是润滑系统的重要组成部分,直接在缸体与缸盖上铸出,用来向各润滑部位输送润

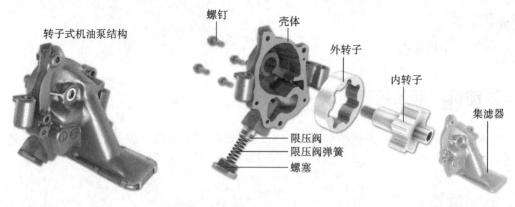

图 15-2　转子式机油泵的外形和结构

滑油。

4. 压力调节阀

压力调节阀(见图 15-4)主要用在发动机的润滑系统中,调节和限制润滑系统的最大压力,发动机上的压力调节阀通常安装在机油滤清器座上。

图 15-3　油底壳的结构

图 15-4　压力调节阀

5. 限制泵油压力的限压阀

限制泵油压力的限压阀用来限制机油泵输出的润滑油压力。旁通阀与粗滤器并联,当粗滤器发生堵塞时,旁通阀打开,机油泵输出的润滑油直接进入主油道。机油细滤器进油限压阀用来限制进入细滤器的油量,防止因进入细滤器的油量过多,导致主油道压力下降而影响润滑效果。

三、滤清装置

1. 机油集滤器

机油集滤器多为滤网式,能滤掉润滑油中粒度大的杂质,其流动阻力小,串联安装于机油泵出口与主油道之间,如图 15-5 所示。

机油集滤器分为浮式集滤器和固定式集滤器。浮式集滤器飘浮于机油表面,保证油泵

15 发动机润滑系统主要零部件的类型、组成和功用　143

图 15-5　机油集滤器

吸入最上层较清洁的机油,但油面上的泡沫易被吸入,使机油压力下降,润滑不可靠。固定式集滤器在机油的下面,吸入的机油清洁度较差,但可防止泡沫吸入,润滑可靠,结构简单。

2. 机油粗滤器

机油粗滤器和机油细滤器并联在油道中。机油泵输出的机油大多数通过机油粗滤器,只有很少部分通过机油细滤器。

3. 机油细滤器

机油细滤器用来过滤掉润滑油中的细小杂质、磨屑、油泥及水分等物质,使送到各润滑部位的润滑油都是干净和清洁的。由于机油细滤器的流动阻力较大,故多与主油道并联,只有少量的润滑油通过机油细滤器过滤。

机油细滤器一般可分为以下三种结构。

(1) 全流式机油滤清器。

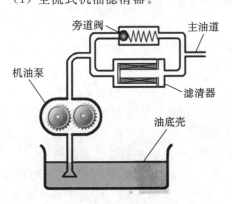

图 15-6　全流式机油滤清器与旁通阀

现代汽车发动机所采用的全流式机油滤清器多为过滤式。机油从纸滤芯的外围进入滤清器中心,然后经过出油口流进机体主油道,即机油滤清器与主油道串联。机油流过纸滤芯时,杂质被截留在滤芯上。全流式机油滤清器的内部有一个旁通阀(见图 15-6),当纸滤芯堵塞时,旁通阀打开,机油不经过过滤直接进入发动机主油道,防止发动机因润滑不足而损坏。此时,机油没有经过过滤,含有一定量的杂质,对发动机仍然有一定的伤害,属于"两害相权取其轻",因此要及时更换机油滤芯,防止发动机受到更大的伤害。一些劣质滤芯,旁通阀压力调整不当,使旁通阀早开或晚开,不能正确调整润滑系统的压力,起不到应有的滤清作用。所以,机油滤芯一定要选择正品。

全流过滤式连接顺序有以下两种。

①机油→油底壳→机油集滤器→机油泵→主油道→曲轴→各道主轴承轴颈→各道连杆轴承轴颈→连杆大头喷油孔→活塞、气缸壁→油底壳。

②主油道→缸体向上分油道→缸盖上竖直油道→摇臂轴内腔→摇臂轴、凸轮轴→油

底壳。

全流过滤式润滑油路及其报警系统如图 15-7 所示。

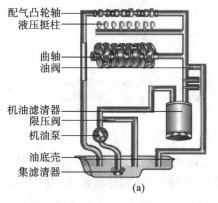

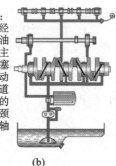

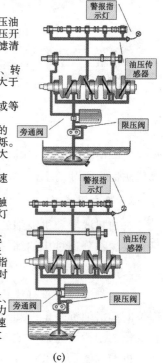

图 15-7　全流过滤式润滑油路及其报警系统

全流式机油滤清器如图 15-8 所示。

全流式机油滤清器的纸滤芯由经过酚醛树脂处理的微孔滤纸制造。纸滤芯则具有质量轻、体积小、结构简单、滤清效果好、阻力小和成本低等优点,因而得到了广泛应用。

（2）分流式机油滤清器。

分流式机油滤清器与主油道并联,如图 15-9 所示。机油泵泵出的压力油大部分经过粗滤器直接进入主油道,小部分经过细滤器后,回到油底壳。

分流式机油滤清器有过滤式机油细滤器(见图 15-10)和离心式机油滤清器两种。

离心式机油滤清器(见图 15-11)具有滤清能力和通过能力强,且不受沉淀物影响等优点。因此,车用发动机多以离心式机油滤清器作为分流式机油细滤器。机油压力大于 0.147 MPa,限压阀打开后机油进入中心油孔,经过转子轴油孔、转子体油孔和导流罩油孔进入转子罩内腔,杂质在离心力作用下被甩向转子罩内壁,洁净机油从喷嘴喷出,经过出油孔回到油底壳。

（3）粗滤器与细滤器的并联过滤式如图 15-12 所示。机油泵泵出的压力油大部分经过粗滤器过滤后进入主油道,小部分经过细滤器后回到油底壳。

并联过滤式润滑油路应用实例如图 15-13 所示。

15 发动机润滑系统主要零部件的类型、组成和功用

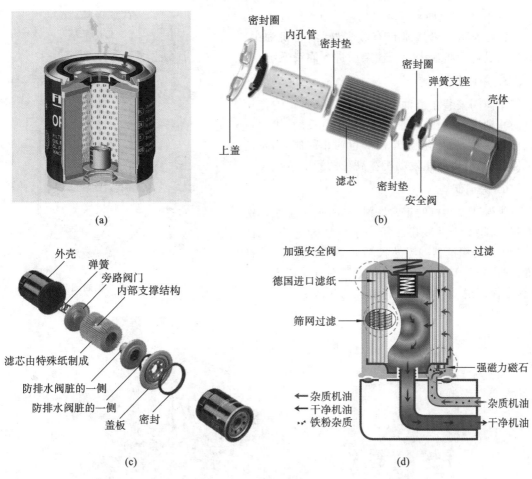

图 15-8 全流式机油滤清器

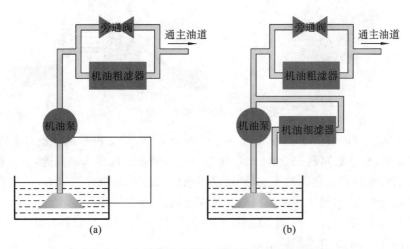

图 15-9 分流式机油滤清器在润滑系统中的位置

4. 机油泵吸油管

机油泵吸油管通常带有收集器,浸在机油中。其作用是避免机油中大颗粒杂质进入润滑系统。

5. 单向阀

单向阀安装在机油滤清器上。单向阀的作用是防止油道里的机油回流,启动发动机后,机件可以比较快地得到润滑。单向阀也叫止回阀,当发动机停机时,可以防止发动机在高位的润滑油流失。

6. 旁通阀

为保证发动机的正常润滑,在机油泵与主油道之间,与粗滤器并联设置了一个机油旁通阀(见图15-14)。若粗滤器的滤芯被杂质堵塞,当旁通阀被推开时,则可使机油不经过粗滤器而直接流入主油道,以保证发动机各部件有足够的润滑油。

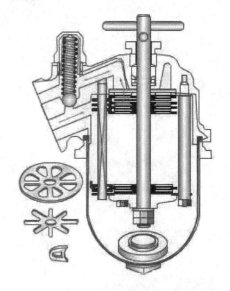

图 15-10 过滤式机油细滤器

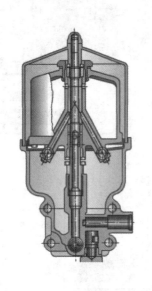
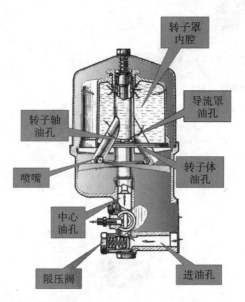

图 15-11 离心式机油滤清器

机油旁通阀还可以安装于机油润滑系统的各个部位,如安装在机油散热器上。当油压大于 400 kPa 时,机油散热器安全阀开启,使部分机油经过此阀泄入油底壳,防止机油散热器损坏。若机油旁通阀安装在机油泵上,则可使多余的机油返回机油泵进口;若机油旁通阀安装在机体的主油道上,则可使多余的机油经过安全阀流回油底壳。

在润滑系统上,还包含一些阀类组件,这些组件的主要功用是限制或保护系统压力,保护润滑系统部件,阻止润滑油回流等。

7. 机油限压阀

压力过高会增加发动机的功率损失,因此,在机油泵端盖内设置了柱塞式限压阀。当机

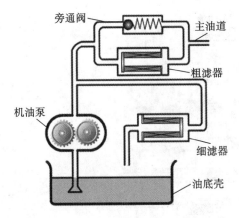

图 15-12 粗滤器与细滤器的并联过滤式

油压力大于 0.6 MPa 时,限压阀打开使一部分机油流回到机油泵的进油口,在机油泵内进行小循环。

如图 15-15 所示,限压阀安装在机油泵端盖上,其作用是限制润滑系统内的最高油压。这些阀类在系统中的作用至关重要,若某个阀损坏或失效,就会使润滑系统的压力失去平衡,从而引起润滑系统的故障,损坏发动机。

四、仪表与信号指示装置

1. 机油尺

机油尺主要用于测量机油静态液面的高度,从而反映发动机机油存量是否在合理范围内。

常规机油尺都会有明显的上限位与下限位(见图 15-16),只要确保检测出的机油油位在上限位和下限位之间即可。如果能在中间位置最好。这里需要注意的一点是,机油不是越多越好,油液液面越高,发动机的阻力越大(因为曲轴需要不停地搅动油底壳机油来实现飞溅润滑)。理想情况下,可将液面保持在中间位置偏下一点,此时发动机的阻力最小,油耗最低,同时润滑性能也能保持稳定。

2. 堵塞指示器

在载货车中,有部分型号的发动机采用全流式纸质机油粗滤器。为避免滤清器堵塞后不能使用,一般在机油粗滤器底座上安装滤芯堵塞指示器(见图 15-17)。若滤芯堵塞,当滤芯的内外压差值达到一定值时,位于旁通阀上的滤芯堵塞指示器的活动触点则与固定触点接触,驾驶室内的指示灯便发亮,提示滤芯已堵塞,需维护或更换。

3. 油压传感器

油压传感器和油压过低信号器安装在主油道中,通过导线分别连接于驾驶室的机油压力表和压力过低警报灯上。

4. 油压警报器

机油压力开关(见图 15-18)安装在油底壳内或气缸体上,用于探测主油道中的压力。当探测到发动机机油压力下降至异常低值时,油压警报器就会向驾驶员报警。

如图 15-19 所示,当发动机停止或油压低于规定值时,油压开关内的触点闭合,油压警告灯即点亮。当发动机启动或油压高于规定值时,油压推动油压开关内的膜片,使触点断开,油压警告灯熄灭。

5. 指示灯

指示灯(见图 15-20)主要用来显示发动机内机油的压力状况。打开点火开关,车辆开始自检,指示灯点亮,启动后熄灭。该指示灯常亮,说明该车的发动机机油压力低于规定标准,

载货车的润滑油路（并联过滤式）

曲轴主轴颈、连杆轴颈、凸轮轴轴颈、凸轮轴止推凸缘、正时齿轮、分电器传动轴等均采用压力润滑；活塞、活塞环、活塞销、气缸壁、气门、挺杆、凸轮等采用飞溅润滑。

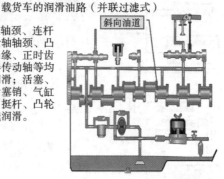

压力润滑油路

发动机工作时，机油经过集滤器；大部分机油经过粗滤器滤去较粗的机械杂质，流入纵向主油道，执行压力润滑任务；小部分机油（10%～15%）经机油细滤器滤去较细的杂质和胶质后流回油底壳。

①进入主油道的机油，通过七条并联的横向油道，分别润滑主轴颈和凸轮轴颈。经过主轴颈的机油从曲轴的斜向油道润滑连杆轴颈。

②机油从凸轮轴的第二、第四轴颈处，经过两个上油道通向摇臂支座、润滑摇臂轴、推杆球头和气门端部。

③第三横向油道通向汽油泵传动轴；第一条横向油道通过喷油嘴，喷射出去的机油用来润滑正时齿轮副。

④在第一、第二横向油道之间接出的油管通入空气压缩机曲轴中心的油道，对其连杆润滑后的机油由回油管回到油底壳中。

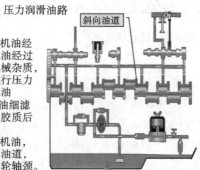

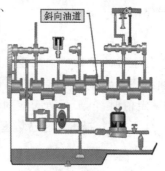

图 15-13　并联过滤式润滑油路

需要维修。

6. 机油压力表

机油压力表（见图 15-21）通称为机油表，用于指示发动机内部机油压力的大小。如今大多数汽车以警告灯代替机油压力表。

五、散热系统

1. 机油散热器

发动机内部的机油温度不应被忽视。机油的温度会影响流动性和润滑性能，因此，发动

15 发动机润滑系统主要零部件的类型、组成和功用   149

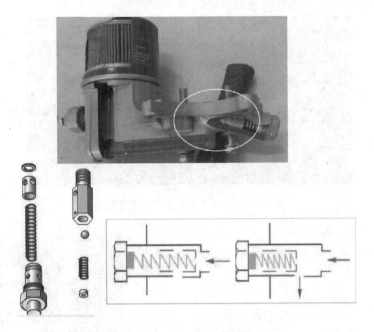

图 15-14 机油旁通阀的构造及工作原理

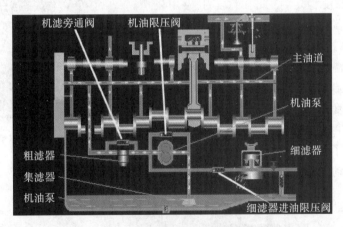

图 15-15 机油限压阀在润滑油路中的安装位置

机会装备一个俗称"机油散热器"的部件,如图 15-22 所示。机油散热器的标准名称是机油热交换器。这个热交换器除了可以为机油散热,还可以在低温应用条件下给机油加热。机油热交换器内部有两套位置贴近但不相通的管路,其中一套接入机油油路,使机油从热交换器中流过,另一套则接入冷却液循环管路,让冷却液与机油发生热传递。

机油散热器分为风冷式机油散热器和水冷式机油散热器两类。

(1) 风冷式机油散热器。

风冷式机油散热器的芯子由许多冷却管和冷却板组成。当汽车行驶时,利用汽车迎风处的油冷器进行冷却,如图 15-23 所示。

风冷式机油散热器要求周围通风好,在普通轿车上很难保证有足够的通风空间。风冷

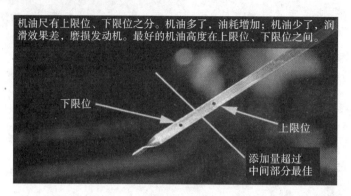

图 15-16 机油尺及其上限位与下限位

式机油散热器在发动机启动后需要很长的暖机时间才能使机油达到正常的工作温度,所以普通汽车上很少采用。

(2) 水冷式机油散热器。

如图 15-24 所示,水冷式机油散热器的外形尺寸小,不需要太大的散热面积,布置方便,且不会使机油散热过度,机油温度稳定,因此在汽车上应用较广。水冷式机油散热器大多安装在机油滤清器的上方,置于冷却水路中,通过冷却系统中流过的冷却液的温度来控制润滑油的温度。当润滑油的温度高时,靠冷却水降温。发动机启动时,则从冷却水吸收热量,使润滑油迅速提升温度。

机油散热器由铝合金铸成的壳体、前盖、后盖和铜芯管组成。为了加强冷却,管外又套装了散热片。冷却水在管外流动,润滑油在管内流动,两者进行热量交换。也有油在管外流动,而水在管内流动的结构。

图 15-17 滤芯堵塞指示器

图 15-18 机油压力开关

若机油温度高于正常值,则会导致机油过稀,润滑效果下降。因此,在热机条件下,流经机油热交换器的冷却液负责将机油的热量吸收走,保持润滑系统内机油的平均温度不高于上限。

汽车冷启动时,机油温度低、流动性差,会增加发动机各部件的运转阻力,因此需要尽快提升机油的温度。发动机运转后,温度逐渐上升,冷却液也随之升温。此时,当温度高于机

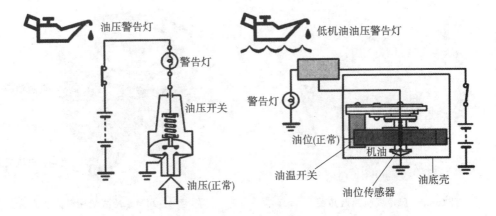

图 15-19 油压警告原理

图 15-20 指示灯

图 15-21 机油压力表

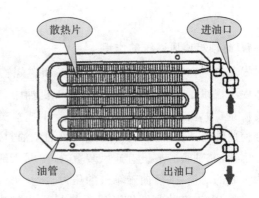

图 15-22 机油散热器

油的冷却液时，会在机油热交换器处加热机油。

2. 机油冷却喷嘴

有些大功率发动机上带有机油冷却喷嘴，通过向活塞内腔喷射机油以帮助冷却散热，如

图 15-23　风冷式机油散热器

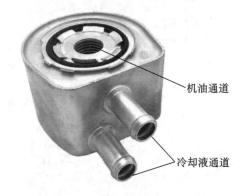
图 15-24　水冷式机油散热器通道

图 15-25 所示。如果机油冷却喷嘴堵塞，活塞就会积热升温，易导致活塞烧顶。

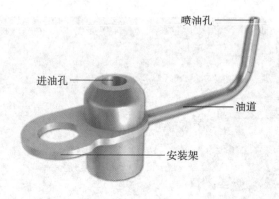
图 15-25　机油冷却喷嘴

六、通风系统

1. 曲轴箱通风系统的作用

发动机工作时，有部分可燃混合气和燃烧物会经过气缸、活塞环窜入曲轴箱内，窜入的气体由于温度的下降，一部分会凝结于机油中，使机油变稀、性能变差，同时形成泡沫，影响润滑质量；漏入曲轴箱中的废气遇水会生成酸类，腐蚀机件，使润滑油变质；同时，漏入的气体会使曲轴箱压力和温度升高，造成机油从油封、衬垫处泄漏。

因此，曲轴箱一般设有通风装置，排出漏入的气体并回收，同时使新鲜空气进入曲轴箱，形成不断的对流，平衡曲轴箱内的压力。

另外，由于多数曲轴箱通风系统将排出的废气引入燃烧室燃烧，避免了污染大气。因此，从这方面来讲，曲轴箱通风系统还具有环保的功能。

2. 曲轴箱通风系统的组成及工作原理

发动机曲轴箱通风的方法有两种，一种是采用自然通风法，一种是采用强制通风法。

由于自然通风法将废气直接导入大气中，不但会造成燃料的浪费，还会增加大气污染，并且通风的效果也不好，因此现已淘汰。

强制通风法利用发动机进气管道内的真空，使曲轴箱内的气体强制吸入气缸中，提高了发动机燃油的经济性，避免了环境污染，现在被汽车广泛采用。

流量控制阀（PCV）的曲轴箱强制通风示意图如图15-26所示，它由空气滤清器、进风管、出气管、流量控制阀、节气门等组成，多数车型的空气滤清器不单独设置，而是与发动机的空气滤清器合用一个。

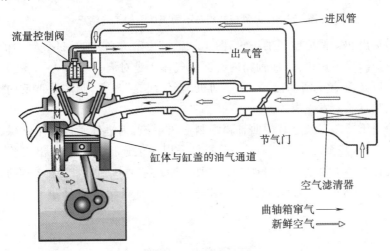

图 15-26　流量控制阀（PCV）的曲轴箱强制通风示意图

发动机工作时，新鲜空气经过空气滤清器进入气门室罩盖内，再进入曲轴箱与其内气体混合，曲轴箱窜气经过缸体与缸盖的油气通道，再经过罩盖上的流量控制阀后，通过出气管进入进气管中。因此，有适量的窜气在气缸内再次燃烧。

流量控制阀可防止发动机怠速和小负荷工况时过多的气体未经计量进入气缸，造成空燃比失调，因此它的主要作用是调节发动机怠速、中小负荷和大负荷时的通风强度。流量控制阀的结构如图15-27所示。

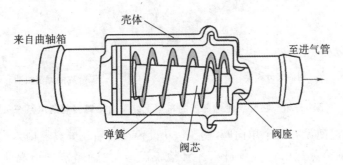

图 15-27　流量控制阀的结构

图15-28说明了发动机在不同工况时，流量控制阀的工作情况。

图15-28（a）表示发动机怠速时，进气管内真空度最大，阀芯被吸压靠向阀座，因此曲轴箱中的窜气只能通过阀的缝隙或小孔通过，流量较小，保持怠速稳定；图15-28（b）表示中小负荷时，进气管内真空度下降，阀芯在弹簧的作用下离开阀座，使通风量适当增加，保证曲轴箱

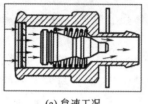 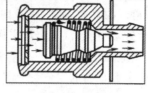 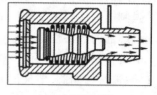

(a) 怠速工况　　　　　　(b) 中小负荷工况　　　　　　(c) 大负荷工况

图 15-28　流量控制阀在不同工况下的工作情况

内的气体及时抽出和新鲜冷空气的进入；图 15-28(c)表示大负荷时,进气管内的真空度已很小,阀芯完全打开,通风量最大,曲轴箱内的新旧气体大量对流。

流量控制阀还具有止回功能,一旦发动机出现"回火"现象,阀芯就被反向关闭,以防曲轴箱内的废气被点燃而发生爆炸。

在带涡轮增压器的车型上装配曲轴箱强制通风系统,因进气管内并不常保持负压状态,当增压器投入工作,甚至处于正压状态时,若只采用一根连接进气管的出气管,则会导致曲轴箱通风装置在发动机处于非自然吸气工况时不能正常通风。因此,在这样的车型上,曲轴箱通风出气管分为两根,一根通向进气管,另一根通向涡轮增压器进气口处,如图 15-29 所示。

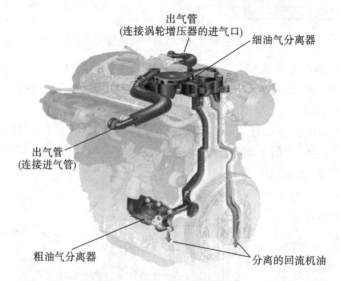

图 15-29　在带涡轮增压器的车型上装配曲轴箱强制通风系统

在两根管路之间设有两个单向阀(图 15-30 设置在细油气分离器内),当发动机怠速或小负荷工况时,曲轴箱蒸气由进气管进入。其他工况时,曲轴箱蒸气由涡轮增压器进气口进入,保证了曲轴箱的正常通风。

发动机在冷机状态运行时,从曲轴箱来的低温机油蒸气可能会在通风管路及节气门阀板和内壁上凝结、沉积并固化,这可能导致通风系统出现堵塞现象,也会造成节气门阀板发生轻微粘连现象。为此,有的汽车在曲轴箱通风管路上设置了加热电阻。一是加热装置对通过的机油蒸气进行加热,避免了机油蒸气的凝结,如图 15-31 所示；二是加热装置可防止通

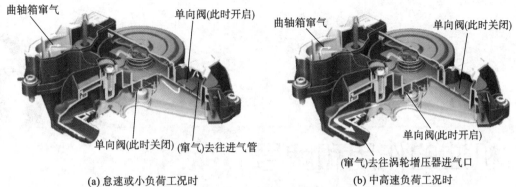

图15-30 带涡轮增压器的车型在不同工况下的曲轴箱通风情况

风装置在吸入很冷的空气时窜气结冰,堵塞通风管路,还可防止曲轴箱出现正压以延缓节气门脏污。

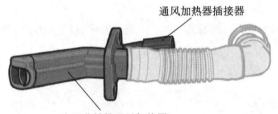

图15-31 曲轴箱通风管路上的加热电阻

16 机油的作用和牌号

提示

本节主要考查机油的牌号,但标准如何制定,没有明确。因此,机油牌号的各种制定标准都要理解。

考核要点

本节考核知识点如下。
(1) 机油具有润滑、冷却、清洗清洁、密封、防锈防蚀、缓冲等作用。
(2) 机油的组成及类别。
(3) 机油的黏度标准和质量级别。
(4) 按我国石油产品及润滑剂国家标准规定的发动机机油标号。
上述内容可转换的考核题型包含单项选择题、判断题、综述题、填图题。

知识点

一、机油的作用

机油被誉为汽车的"血液"。发动机内的机油一般受到机械张力、高/低温、湿气、燃烧积碳、燃烧酸性气体、磨损颗粒物、空气等的影响,如图 16-1 所示。因此,车用机油必须具有良好的性能。

机油主要具有润滑、冷却、清洗清洁、密封、防锈防蚀、缓冲等作用。

1. 润滑作用

发动机内运动零件之间均存在着快速的相对滑动,要防止零件磨损过快,则需要在两个

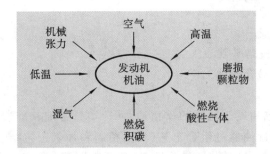

图 16-1　发动机机油的工作环境

滑动表面间建立油膜。有足够厚度的油膜将相对滑动的零件表面隔开,从而达到减少磨损的目的。在摩擦面加入润滑剂,可减小摩擦系数、摩擦阻力、能源消耗,减少磨损;润滑剂在摩擦面间可以减少磨损,减小表面疲劳。

2. 冷却作用

发动机在高速运转时,各个部件会因摩擦产生高温、高热,这种高温、高热能通过机油的流动带到机油散热器内散发到空气中,以冷却发动机。

3. 清洗清洁作用

润滑油的流动,可以带走发动机工作运转时摩擦表面产生的金属磨损物、碳化物、油泥,冲洗掉零件工作面上产生的脏东西,通过循环带回油箱。产生的杂质及金属磨损物通过燃油滤清器进行过滤处理,使得润滑系统保持清洁。

4. 密封作用

发动机中的机油,在发动机气缸"做功"时起到密封的作用,阻止燃烧室内的高温、高压气体通过间隙窜入曲轴箱内;机油可以在活塞环与活塞之间形成一个密封圈,减少气体的泄漏和防止外界污染物的进入。也就是机油附着在气缸壁、活塞及活塞环上的油膜,起到密封防漏的作用。

5. 防锈防蚀作用

机油除起润滑作用外,还能有效防止金属部件生锈和腐蚀。润滑油能吸附在零件表面,防止水、空气、酸性物质及有害气体与零件的接触。也就是机油有防止零件发生锈蚀的作用。

6. 缓冲作用

当发动机气缸口的压力急剧上升时,突然加剧活塞、活塞销、连杆和曲轴轴承上的负荷。轴承的传递、润滑使承受的冲击负荷起到缓冲的作用。

二、机油的牌号

1. 机油的组成及类别

机油由基础油和添加剂构成,其中基础油决定了机油的基本性能。一般来说,基础油可以分为下面几类。

(1) 溶剂精制矿物油。

(2) 加氢裂解矿物油。

(3) 深度加氢异构脱蜡基础油。

(4) 聚α烯烃(PAO)合成油。

(5) 酯类合成油。

其中：(1)类和(2)类基础油属于典型的矿物油。(1)类是常规基础油，主要使用溶剂精制工艺，性能最差。(2)类基础油通过组合工艺(溶剂精制和加氢工艺结合)，加氢后改变了原来的烃类结构，杂质减少，热安定性、抗氧化性、烟炱分散性等各项性能提升；(3)类油(XHVI)在前两类油的基础上使用全加氢工艺，深度加氢、异构脱蜡精制而来，各方面性能更加优秀。但这类油实质上也属于矿物油。(4)类的聚α烯烃，又称PAO(poly alpha olefin)，是严格意义上的合成基础油。聚α烯烃是通过原油中的瓦斯气或天然气所分散出来的乙烯、丙烯，经过聚合、催化等繁复的化学反应炼制而成的由大分子组成的基础油，其分子排列整齐，抵抗外来变数的能力很强，因此合成油体质较好，其对热稳定、抗氧化反应、抗黏度变化的能力比矿物油强很多，与以原油为原料的前三类基础油有着本质的区别。(5)类油是指除了前四类之外的其他润滑油，一般以合成酯类油(ester oil)为主。酯类油与上面几种基于原油、天然气等合成而来的机油完全不同，酯类油以动植物的油脂作为原料，由脂肪酸和脂肪醇在催化剂的作用下，经过酯化反应脱水制得。酯类油的优点是黏度指数高，闪点高，倾点低，低温流动性好，工作温度范围大，蒸发损失小，高温稳定性好，氧化稳定性好，残碳少，润滑性能优异，毒性极低，环保，生物降解性能好。其缺点是抗水解性能差，对橡胶件的相容性一般。

简单来说，(1)、(2)、(3)类油都属于矿物油，(4)、(5)类油属于合成油，而半合成油一般是将(3)、(4)类油按一定比例混合得到。全合成油则是以(4)、(5)类油为基础，或者两者按比例混合为基础油制成的。

矿物油和合成油的区别在于基础油不同。矿物油的基础油是从原油中提炼出来的，合成油的基础油则是通过化学反应合成的。与矿物油相比，合成油的抗高温氧化、抗黏度变化、抗磨损能力更强。

合成油的黏度变化受气温影响很小，所以，既能在低温环境中流动顺畅，也能在高温环境中保持适当的黏度，减少发动机磨损。另外，合成油提炼的纯度高，在发动机持续高温运作下，不易氧化分解产生油泥和积碳，其劣化速度比矿物油慢50%，使用时效也更长，一般使用矿物油的车行驶5000公里就必须换油，而合成油换油里程可延至8000～10000公里。合成油的价格比矿物油的贵。

2. 黏度标准和质量级别

机油的黏度和级别是合理使用机油的决定因素。国际上对机油黏度和质量级别的认定采用SAE的机油黏度分类法和API的质量等级标准。

(1) 黏度。

SAE是英文Society of Automotive Engineers(美国汽车工程师协会)的首字母缩写。如图16-2所示，机油罐上会有SAE40、SAE50或5W-30、5W-40这样的标记，代表美国汽车工程师协会的黏度等级。

图16-2 机油罐上的标识

机油分为单黏度机油(如SAE30)和多黏度机油(如5W-30),像SAE40、SAE50这样只有一组数值的是单级机油(单黏度机油),不能在寒冷的冬季使用。像15W-40、5W-40这样两组数值,代表这种机油是先进的多级机油(多黏度机油),适合从低温到高温的区域,黏度值会随温度的变化给予发动机全面的保护。一般来说,可依据车辆所在地常年的气温选择机油,具体推荐如表16-1所示。

现在大部分车辆使用多黏度机油,因为这种机油内含多种特殊添加剂,可使机油在低温环境下易于流动、不凝结,在高温环境下保持黏稠度、不分解。

机油黏度的选择还应考虑车的新旧程度,新车的发动机部件间隙很小,所以应选择黏度较小的机油,而发动机磨损严重的车辆应选择黏度较大的机油。

表16-1 机油黏度适用的气温

数值	适用的环境温度/℃
5W	−30
10W	−25
15W	−20
20W	−15
30	30
40	40
50	50

W代表冬季(winter)使用的机油,W前的数字表示机油的低温流动性,即倾点温度,简单来说就是结冰点温度。数字越小,机油流动性越好,代表可供使用的环境温度越低。发动机磨损主要集中在冷启动瞬间,良好的机油流动性,能将发动机磨损降到最小。图16-3展示了不同机油在0℃时的流动性。

W后面的数字代表机油在高温时的稳定性(对应100℃时的运动黏度大小),数值越大,说明机油高温时保持黏度的性能越好,稳定性越好。机油不同黏度等级对应状态如图16-4所示。

机油的等级和牌号的含义如图16-5所示。

机油牌号和性能的关系如图16-6所示。机油表上数字代表的含义如图16-7所示。

(2) 级别。

API是American Petroleum Institute(美国石油学会)的英文首字母缩写,API等级代表发动机机油质量的等级。它采用简单的代码来描述发动机机油的工作能力。

API发动机机油分为两类,"S"系列代表汽油发动机用油;"C"系列代表柴油发动机用油。"S"和"C"两个字母同时存在,则表示此机油为汽油发动机和柴油发动机通用。若"S"在

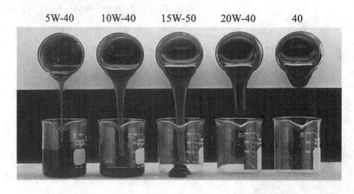

图 16-3　不同机油在 0℃ 时的流动性

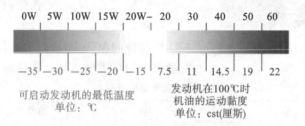

图 16-4　机油不同黏度等级对应状态

车用润滑油(机油)的数字含义

车用润滑油牌号通常采用API+SAE标准标示。API(American Petroleum Institute)、SAE(Society of Automotive Engineers)分别是"美国石油学会"及"美国汽车工程师协会"的英文首字母缩写

图 16-5　机油的等级和牌号的含义

前,则主要用于汽油发动机。反之,则主要用于柴油发动机。

从"SA"到"SN",每递增一个字母,机油的性能就会优于前一种,机油中会有更多用来保护发动机的添加剂。字母越靠后,质量等级越高。

API标准用字母"S"和"C"分别代表汽油发动机机油和柴油发动机机油,然后按英文字母顺序分别排在字母"S"和"C"之后,从"SA"到"SL",英文字母顺序越靠后,表示机油级别越高,机油的性能越好。例如,机油瓶身上的标识 API SL/CF,"S"和"C"同时出现,表示该机油适用于汽油与柴油两种发动机,且优先适用于汽油发动机,而此款机油级别为目前的最高级别"SL"。

3. 我国标准

我国石油产品及润滑剂按国家标准的规定,发动机机油属于该分类体系中 L 类(润滑剂

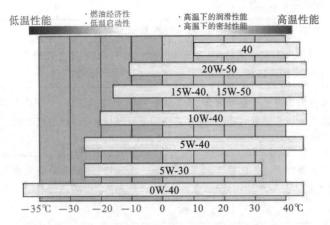

图 16-6 机油牌号和性能的关系

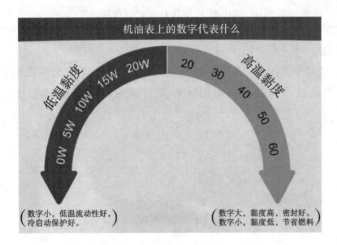

图 16-7 机油表上数字代表的含义

和有关产品)里的 E 组(发动机)。产品编号的一般形式如下。例如:"L—ECC 30",L 表示类别(润滑剂),ECC 表示标号(黏度等级),30 表示品种(为 L 类产品所属的级别,其应用场合为中等条件下工作的低增压柴油机机油)。

按照国家标准规定,发动机机油(E 组)按特性和使用场合可分为以下几类。

(1) 汽油机机油。

汽油机机油分为 EQB、EQC、EQD、EQE 和 EQF 等标号。

由于进口品牌的机油在国内大量生产并销售,国内市场上出售的机油基本上使用国际标准的标号,即 SAE 黏度分级标准和 API 质量分级标准。因此,可按照 SAE 黏度标准和 API 质量分级标准选择机油即可。国产汽油机机油的标号及其性能如表 16-2 所示。

表 16-2 国产汽油机机油的标号及其性能

标 号	特性及使用场合
EQB	用于缓和条件下工作的货车、客车和其他汽油机,具有一定的清净性、分散性、抗氧化性、抗腐蚀性

续表

标 号	特性及使用场合
EQC	用于中等条件下工作的货车、客车和其他汽油机,也可用于国外要求使用的 SAE SC 级汽油机,具有较好的清净性、分散性、抗氧化性、抗腐蚀性和防锈性
EQD	用于较苛刻条件下工作的货车、客车和某些轿车的汽油机,并能满足安装有曲轴箱强制换气装置的汽油机的要求,以及国外要求使用 SAE SD 和 SC 级的汽油机。比 EQC 级机油具有更好的性能
EQE	用于苛刻条件下工作的轿车和某些货车的汽油机,并能满足安装有尾气转化装置的汽油机,以及类似国外要求使用的 SAE J183 SE、SD 和 SC 级的汽油机,比 EQD 级机油具有更好的性能
EQF	用于更苛刻条件下工作的轿车和某些货车的汽油机,也可用于国外要求使用 SAE SF、SE、SD 和 SC 级的汽油机,比 EQE 级机油具有更好的性能

(2) 柴油机机油。

柴油机机油有 ECA、ECB、ECC、ECD 等标号。由于进口品牌的机油在国内大量生产并销售,国内市场出售的机油基本上使用国际标准的标号,即 SAE 黏度分级标准和 API 质量分级标准。

17

电控歧管喷射汽油发动机燃油系统的功用、组成和工作原理

提示

不能遗漏了电控歧管喷射汽油发动机无回油这一类型的供油系统,并要掌握其工作原理。

考核要点

本节考核知识点如下。
(1) 电控歧管喷射汽油发动机燃油系统的功用。
(2) 电控歧管喷射汽油发动机燃油系统的组成。
(3) 电控歧管喷射汽油发动机燃油系统的工作原理,包括有回油供油系统和无回油供油系统的工作原理。

上述内容可转换的考核题型包含单项选择题、判断题、综述题、填图题。

知识点

汽油机所用的燃料是汽油,汽油在进入气缸前,一般需先雾化和蒸发。汽油发动机燃油供给系统如图 17-1 所示。根据发动机工况要求的不同,按一定比例将燃料与空气混合后形成均匀的可燃混合气,供入气缸,并在燃烧做功后,将燃烧产生的废气排入大气中。

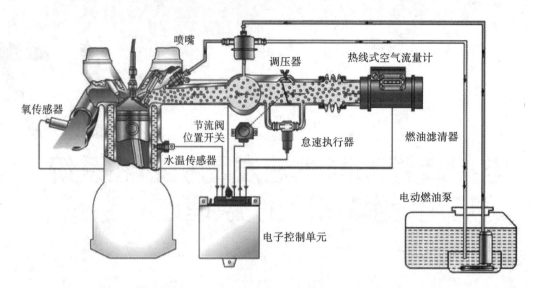

图 17-1　汽油发动机燃油供给系统

一、电控歧管喷射汽油发动机燃油系统的功用

供给喷油器经过滤清的、一定压力的燃油,喷油器则根据发动机电子控制单元的指令进行喷油。

二、电控歧管喷射汽油发动机燃油系统的组成

电控歧管喷射汽油发动机燃油系统主要由燃油箱、燃油泵、燃油滤清器、燃油分配管、油压调节器、喷油器、进油管、回油管、油箱通风装置等组成,有的还有油压脉动缓冲器,如图 17-2 所示。

三、电控歧管喷射汽油发动机燃油系统的工作原理

燃油泵将汽油从油箱内吸出,经过燃油滤清器过滤后,由油压调节器调压,通过油管输送给喷油器,喷油器根据电脑指令向进气管喷油,如图 17-3 所示。燃油泵供给的多余的汽油流回油箱。

电控歧管喷射汽油发动机燃油系统有两种类型:一种是有回油的供油系统;另一种是无回油的供油系统。

如图 17-4 所示,有回油的供油系统工作时,汽油从油箱泵出,经过燃油泵以一定的压力流经燃油滤清器,滤去杂质后,进入燃油分配管。在燃油分配管的后端有一个油压调节器,使喷油压力与进气管的压差保持恒定,过量的压力油将通过此油压调节器无损失地返回到油箱。由于汽油连续地流过,因此总能保证有正常的汽油供给。调节到一定范围的压力油

17 电控歧管喷射汽油发动机燃油系统的功用、组成和工作原理 165

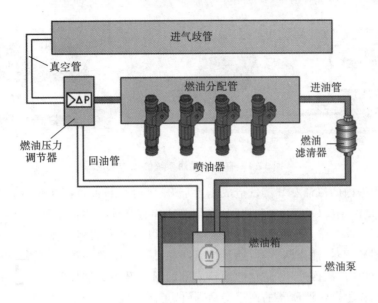

图 17-2 电控歧管喷射汽油发动机燃油系统的组成

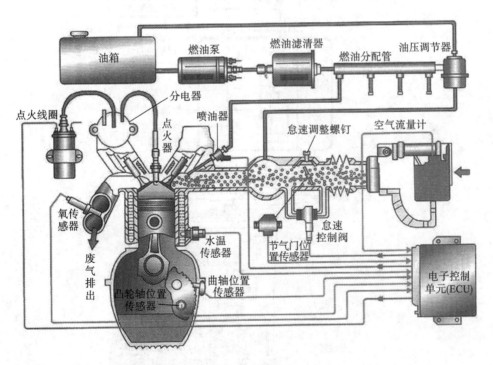

图 17-3 电控歧管喷射汽油发动机燃油系统的工作原理

将通过燃油分配管分送到各喷油器,接受电子控制单元的指令控制,喷油器在规定时间将汽油喷入进气歧管,当进气门打开时,才将汽油与空气同时吸入气缸中。汽油供给系统中过量的压力油通过油压调节器无损失地返回到油箱。

由于上述汽油供给系统中过量的压力油通过油压调节器无损失地返回到油箱,这样使

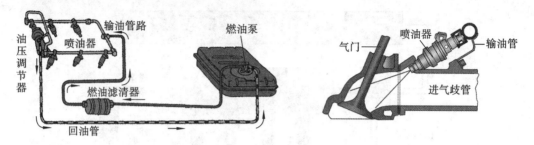

图 17-4 有回油供油系统的工作原理

油温升高,使油箱内的汽油蒸气蒸发造成压力上升。因此,目前许多车辆的汽油供给系统采用了无回油的供油系统(见图 17-5),只是有的能让你直观地看出回油管,有些车就没有回油管,但是一样有回油系统,回油管直接在油箱里面,以减少燃油蒸气排放量。采用无回油的供油系统,燃油滤清器、油压调节器、油量传感器和燃油切断器一体的模块式燃油泵总成,它可以断开发动机部件的回油,并防止燃油箱内部的温度升高。这样降低了燃油的温度,减少了蒸发排放,延长了燃油滤清器的使用寿命,降低了制造成本。

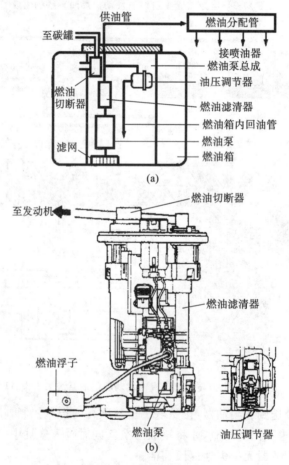

图 17-5 无回油供油系统的结构图

18

电控汽油发动机燃油系统主要零部件的作用

 提示

电控汽油发动机燃油系统包括缸内喷射、缸外喷射和混合喷射。这三种燃油系统的组成基本相同,作用也基本相同,但其主要零部件的安装位置和结构存在差异。因此,学习时,必须掌握这三种燃油系统中各主要零部件的作用。

 考核要点

电控汽油发动机燃油系统中油箱、燃油泵、燃油滤清器、燃油分配管、油压调节器、喷油器、进油管、回油管、油箱通风装置的作用。

上述内容可转换的考核题型包含单项选择题、判断题、综述题、填图题。

 知识点

一、电控汽油发动机燃油系统喷射的形式和组成

1. 电控汽油发动机燃油系统的分类

按喷射位置,电控汽油发动机燃油系统可分为缸内喷射、缸外喷射和混合喷射三种形式。

(1) 缸内喷射。

缸内喷射是指通过安装在气缸盖上的喷油器,将汽油直接喷入气缸内,如图 18-1 所示。这种喷射系统需要较高的喷射压力,为 3～5 MPa,喷油器的结构和布置都比较复杂。

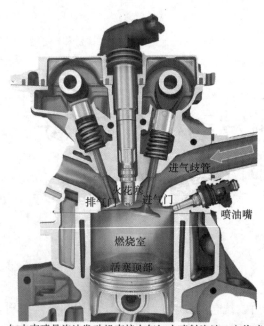

缸内直喷是汽油发动机直接在气缸内喷射汽油,它将喷油嘴安装在燃烧室上方,将汽油直接喷射在燃烧室里,空气经过进气门进入燃烧室,然后与汽油混合形成可燃混合气,点燃后做功。

图 18-1 缸内喷射

(2)缸外喷射。

将喷油器安装在进气管或进气道上,以 0.20~0.35 MPa 的喷射压力将汽油喷入进气管或进气道内,称为进气管喷射或进气道喷射,如图 18-2(a)、(b)、(c)所示。

(3)混合喷射。

如图 18-3 所示,歧管喷射加入直喷发动机中,形成一套混合喷射系统。低负荷工况时,歧管喷油嘴在气缸进气行程时喷油,混合气进入气缸,再配合压缩行程,气缸内喷油嘴喷油,从而实现分层燃烧;高负荷工况时,只在压缩行程进行缸内直喷。这样不仅可以提高发动机的工作效率,还避免了上面提到的在低负荷工况下因氧气过量而导致的排放问题。

如图 18-4 所示,混合喷射方式的作用意在结合歧管喷射和缸内直喷技术的优点,以解决传统缸内直喷技术存在的问题。歧管喷射的介入,有助于减缓传统缸内直喷发动机在进气道和进气门上积碳较多的现象等。

2. 电控汽油发动机燃油系统的组成

不管是什么形式的电控汽油发动机燃油系统,其组成部分基本相同。电控汽油发动机燃油系统主要由油箱、燃油泵、燃油滤清器、油压调节器、喷油器、空气滤芯、回油管等组成,有的还设有油压脉动缓冲器,如图 18-5 所示。

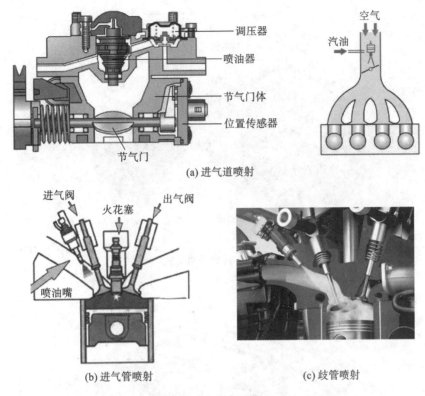

图 18-2 缸外喷射

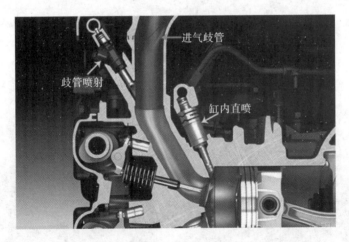

图 18-3 混合喷射

二、电控汽油发动机燃油系统主要零部件的作用

1. 油箱

油箱是汽车存储燃料的容器,布置在远离发动机的车身后部或车架一侧,如图 18-6 所

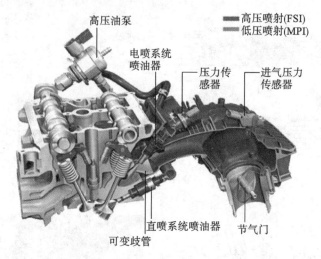

图 18-4　混合喷射方式

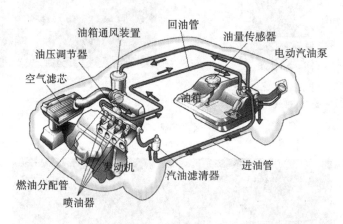

图 18-5　电控汽油发动机燃油系统的组成

示。油箱由加油管、加长管、隔板、燃油管开关、油箱盖、油量传感器、燃油立管等组成,如图18-7所示。

(a) 车身后部

(b) 车架一侧

图 18-6　油箱位置

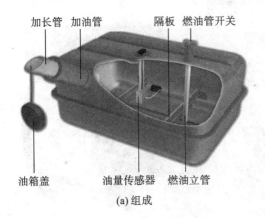 

图 18-7 油箱的组成和结构

油量传感器是安装于油箱内与油浮子联动的滑线变阻器。油浮子与滑线变阻器构成一个小总成,并与汽油表连接用于指示油箱内的燃料量。

如图 18-8 所示,油箱盖用来防止汽油的溅出及减少汽油挥发,通常将油箱盖设计成卡式,并与波状片弹簧所压橡胶垫片将油箱口周缘夹住,以保证密封,有些盖上还设计了锁止装置,防止脱落或丢失。为保证油箱内的气压平衡,在油箱盖上设计了空气阀和蒸气阀。空气阀用较弱的空气阀弹簧压住,当油箱内的油面下降、压力低于某一数值时,空气阀打开,使空气进入油箱,以确保油箱内不产生真空,避免受到内外空气压力差的作用而损坏。蒸气阀使用较硬的弹簧压住,仅在油箱内温度过高、压力超过规定值时才开启,因此有利于减少油箱内汽油蒸气的挥发。

图 18-8 油箱盖

2. 燃油泵

电控汽油喷射系统的燃油泵是一种由小型直流电动机驱动的油泵,其作用是提供汽油喷射所需的压力燃油。

按安装位置的不同,可分为内置式燃油泵(安装在油箱中,如图 18-9 所示)和外置式燃油泵(串接在油箱外部的输油管路,如图 18-10 所示)。

燃油泵中的单向阀在油泵不工作时,它阻止汽油倒流回油箱,这样可保持油路中有一定的残余压力,便于下次启动;燃油泵中限压阀的作用是:当泵油压力超过规定值时,安装在泵体内的限压阀即被推开,使部分汽油返回到进油口一侧。油压缓冲器的作用:滚柱式燃油泵的转子每转一周,其排出的汽油就要产生与滚柱数目相同的压力脉动,故在出口处安装有油

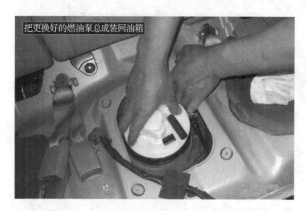

图 18-9 内置式燃油泵

图 18-10 外置式燃油泵

压缓冲器,以减少出口处的油压脉动和运转噪音。内置式燃油泵的组成如图 18-11 所示。

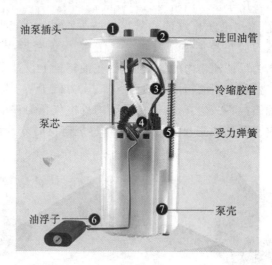

图 18-11 内置式燃油泵的组成

按燃油泵的结构不同,可分为滚柱式燃油泵、叶轮式(涡轮式)燃油泵、齿轮式燃油泵三种,如图 18-12 所示。

滚柱式燃油泵的结构如图 18-13 所示。

叶轮式(涡轮式)燃油泵的结构如图 18-14 所示。

齿轮式燃油泵的结构如图 18-15 所示。

3. 燃油滤清器

燃油滤清器安装在油泵之后的高压油路中。燃油滤清器壳体上的箭头方向与汽油流动的方向相同。燃油滤清器的作用:发动机工作时,汽油在燃油泵的作用下,经过进油管接头流入滤芯外衬筒。燃油滤清器内包含纸质滤芯,过滤直径为 8~10 微米,过滤面积约为 2000 平方毫米,汽油中所含的氧化铁、粉尘等固体杂质通过纸质滤芯时被阻隔在滤芯之外,汽油则通过滤芯的微孔进入滤芯内腔,再经过出油管接头流出,防止汽油供给系统堵塞,减小机

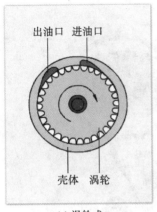 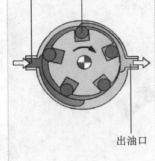 

图 18-12　燃油泵的类型

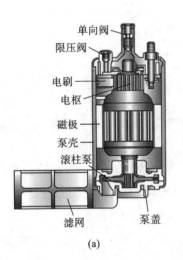 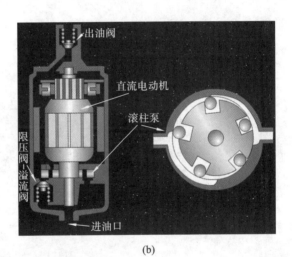

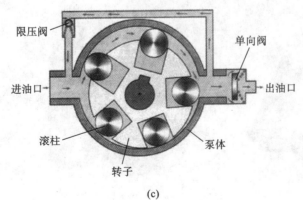

图 18-13　滚柱式燃油泵的结构

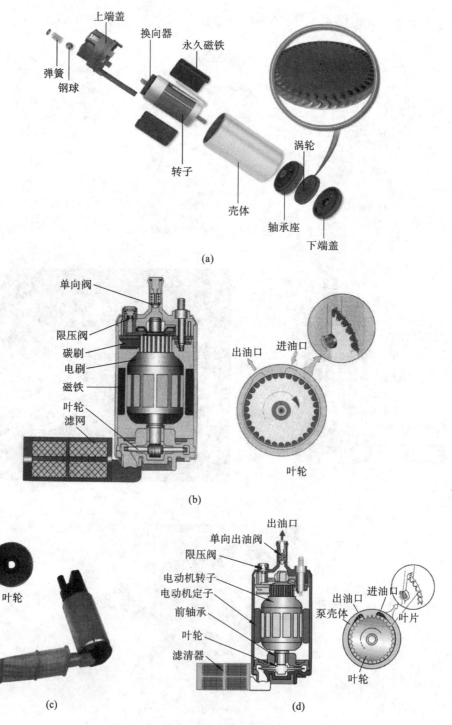

图 18-14 叶轮式(涡轮式)燃油泵的结构

18 电控汽油发动机燃油系统主要零部件的作用　　175

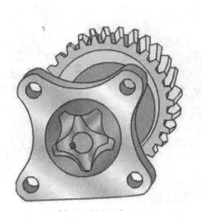 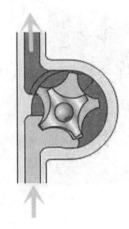

图 18-15　齿轮式燃油泵的结构

械磨损,以确保发动机稳定运行。

　　燃油滤清器是一次性的,应根据车辆行驶里程更换,一般每行驶 4 万公里更换一次。若使用的汽油杂质成分较大,就缩短更换周期。

　　按安装位置的不同,可分为内置式燃油滤清器(安装在油箱的汽油泵总成内,见图18-16)、外置式燃油滤清器(串接在油箱外部的输油管路,见图 18-17)和外置可拆式燃油滤清器(见图 18-18)。

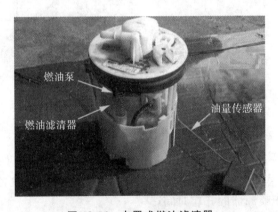

图 18-16　内置式燃油滤清器

4. 燃油分配管

　　燃油分配管由不锈钢或铸铝制成,如图 18-19(a)、(b)所示。燃油分配管包括喷油器、油道、油压测试口、进油管和油压调节器。燃油分配管总成安装在进气歧管下部的固定座上,用螺栓固定。燃油分配管与喷油器相连,并向喷油器分配汽油。

5. 油压调节器

　　电控汽油喷射系统中的油压调节器一般安装在供油总管上(见图 18-20),无回油系统的油压调节器安装在油箱内(见图 18-21)。油压调节器采用膜片式结构,如图 18-22 所示。油压调节器的功能:相对于大气压或进气管负压,可使燃油压力保持稳定,即保持喷油压力与

图 18-17 外置式燃油滤清器

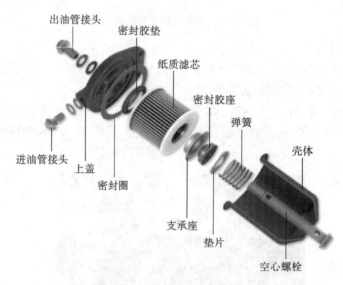

图 18-18 外置可拆式燃油滤清器

喷油环境压力的差值一定,以使发动机控制单元能以控制喷油时间的长短来控制喷油量。即使系统油压(即供油总管内油压)与进气歧管压力之差保持为常数,这样,从喷油器喷出的汽油量便唯一地取决于喷油器的开启时间。

如图 18-23 所示,如果不控制汽油压力,分配管内的汽油压力会产生波动,即使给喷油器的通电时间相同,当汽油压力大时,汽油喷射量也会增加;当汽油压力小时,汽油喷射量会减少。为了使系统油压与进气歧管压力差保持稳定,油压调节器所控制的系统油压应随进气歧管压力的变化作相应的变化。

6. 喷油器

喷油器安装在气缸盖上(缸内直喷式汽油发动机)或进气歧管上(歧管喷射汽油发动机),如图 18-24(a)、(b)所示。

喷油器可分为轴针式喷油器(见图 18-25(a)、(b)、(c))和孔式喷油器两种(见图 18-26)。

喷油器按燃油进入部位的不同,可分为上部给油喷油器、底部给油喷油器两种(图 18-27)。

18 电控汽油发动机燃油系统主要零部件的作用 **177**

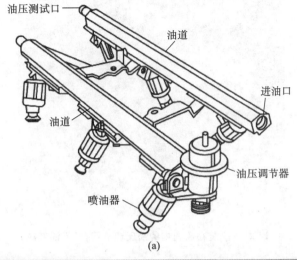

(a)

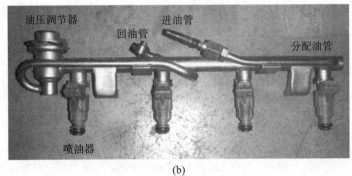

(b)

图 18-19 燃油分配管

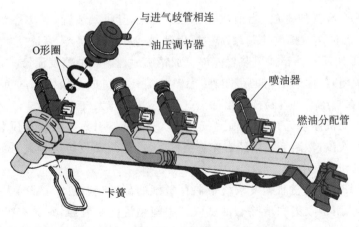

图 18-20 安装在供油总管上的油压调节器

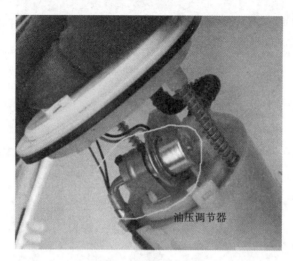

图 18-21　安装在油箱内的油压调节器（无回油系统）

喷油器是发动机电控汽油喷射系统的一个关键部件，它接收 ECU 送来的喷油脉冲信号，精确地计算汽油喷射量，并将汽油转换成雾状喷入气缸或进气歧管，与空气混合形成可燃混合气，如图 18-28 所示。

喷油量的多少取决于针阀行程、喷口截面积、喷射环境压力、燃油压力的差和喷油时间。当上述各因素确定时，喷油量就取决于针阀的开启时间，即电磁线圈的通电时间。

7. 进油管、回油管

汽车进油管，在燃油泵供油给发动机时，会形成一定压力供给喷油器喷入气缸。除了正常供给燃油喷油器后，剩余的燃油通过回油管送回到油箱。当然，还有碳罐收集的多余的汽油蒸气也通过回油管回到油箱。回油管将多余的油回到油箱，起到排解汽油的压力作用，还可以减少油耗。

8. 油箱通风装置

为了减少汽车废气的排放，当前汽车都装备了油箱通风装置，又称燃油蒸发排放控制（EVAP）系统。燃油蒸发排放控制系统主要由油箱、油泵、碳罐、碳罐透气口、碳罐电磁阀等组成，如图 18-29 所示。油箱通风装置能够更加精确地控制燃油蒸发流量。

当发动机关闭时，由于油箱的密闭性，燃料的消耗会造成油箱内部的负压，在负压的作用下，汽油会比在常压下更容易挥发出油蒸气，最终达到与大气压平衡。

为了避免发动机停止运转后燃油蒸气逸入大气，所以引入了油箱通风装置。由于汽油是一种易挥发的液体，常温下油箱经常充满蒸气，因此燃料蒸发排放控制系统是将蒸气引入燃烧并防止挥发到大气中。

碳罐（见图 18-30）是燃油蒸发系统中储存蒸气的部件，碳罐的下部与大气相通，上部有接头与油箱相连，用于收集和清除燃油蒸气。中间是活性炭颗粒，它具有极强的吸附作用。油箱内的燃油蒸气经过油箱管道进入碳罐后，蒸气中的燃油分子被吸附在活性炭颗粒表面，碳罐有一个出口，由软管与发动机进气歧管相连。软管的中部设有一个碳罐电磁阀（常闭），

18 电控汽油发动机燃油系统主要零部件的作用

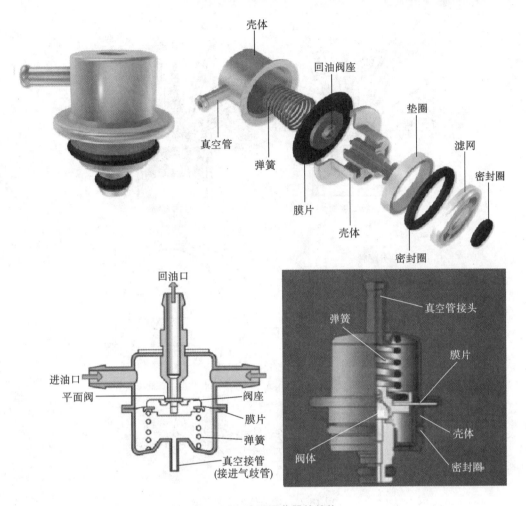

图 18-22 油压调节器的结构

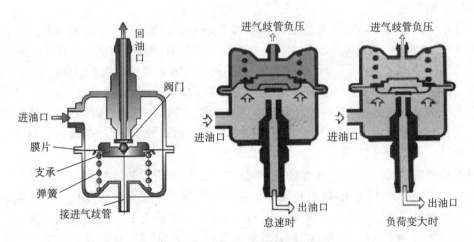

图 18-23 油压调节器的工作过程

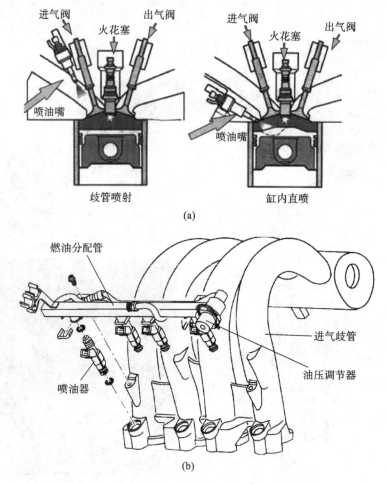

图 18-24 喷油器的安装位置

以控制管路的通断。

碳罐电磁阀作为发动机汽油蒸发控制系统的一部分,安装在汽车的油箱和发动机之间(见图18-31)。如图18-32所示,通过电脉冲宽度的调制来控制碳罐的净化作用,也就是说,ECU电脑根据发动机的不同运行条件,以一定的频率使电磁阀的搭铁电路接通或断开,ECU电脑通过对一个常闭电磁阀的操纵来控制净化碳罐的真空。在发动机熄火以后,吸附油箱中蒸发出来的汽油蒸气,防止其进入大气中污染空气,同时在发动机启动以后,再将储存的汽油蒸气送到发动机中进行燃烧,这样可以降低车辆的燃油效率,所以碳罐电磁阀可以降低车辆的油耗。

随着油箱内油气分子的扩散运动,一部分油气分子会随着油箱的油蒸气管路扩散到碳罐,如图18-33所示。在那里,经过特殊工艺制成的特别适合用来吸附油气分子的颗粒状活性炭会将油气分子牢牢锁定在碳罐内,防止扩散到大气中而造成空气污染。当发动机启动时,碳罐的排气口电磁阀将打开,随着引擎的吸气作用,之前锁定在碳罐内的油蒸气会作为燃料被吸入引擎进气歧管。至此碳罐的工作循环完成,直到引擎再次关闭重新开始循环工作。

18 电控汽油发动机燃油系统主要零部件的作用

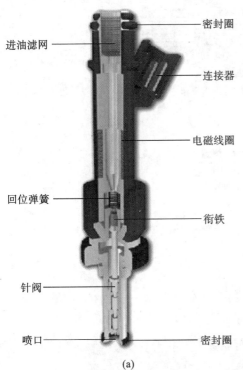

(a)

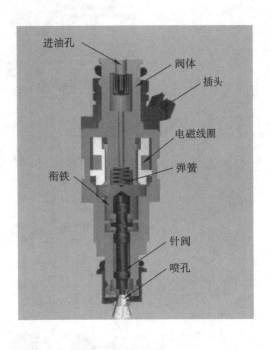

(b)

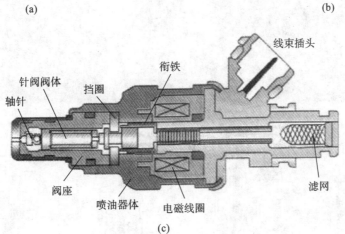

(c)

图 18-25 轴针式喷油器

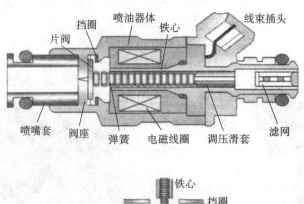

(a) 片阀仍压紧在阀座上

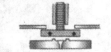

(b) 片阀抬离阀座直到抵住挡圈

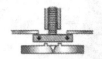

(c) 片阀离开挡圈落座

图 18-26 孔式喷油器

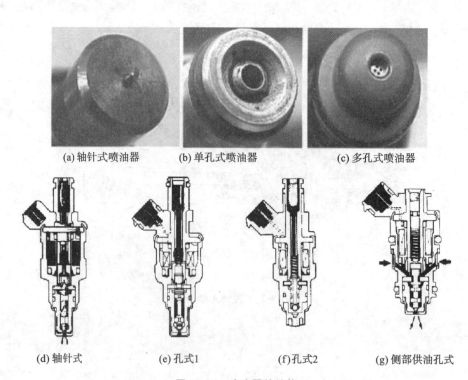

图 18-27 喷油器的结构

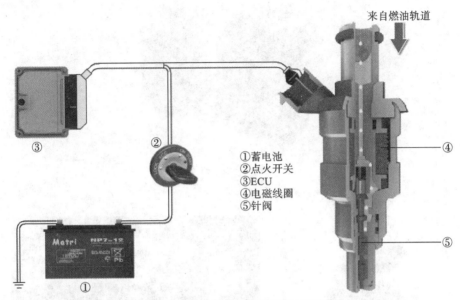

电磁线圈中无电流通过时，喷油器针阀在弹簧的作用下紧压在锥形密封阀座上。电磁线圈通电时，线圈处产生磁场，将衔铁连同针阀向上吸起，喷油口打开，汽油喷出。

图 18-28 喷油器的工作原理

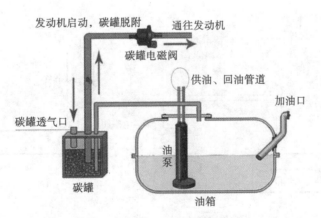

图 18-29 燃油蒸发排放控制系统的组成

图 18-30 碳罐

图 18-31 碳罐电磁阀

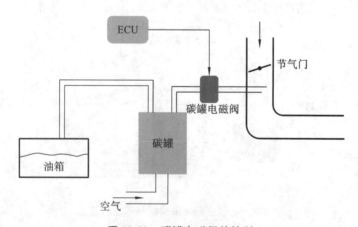

图 18-32 碳罐电磁阀的控制

18 电控汽油发动机燃油系统主要零部件的作用

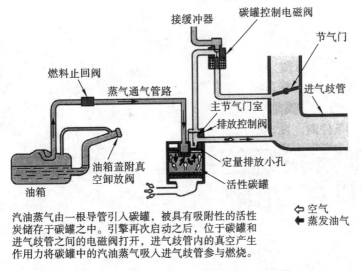

汽油蒸气由一根导管引入碳罐,被具有吸附性的活性炭储存于碳罐之中。引擎再次启动之后,位于碳罐和进气歧管之间的电磁阀打开,进气歧管内的真空产生作用力将碳罐中的汽油蒸气吸入进气歧管参与燃烧。

图 18-33　油气分子的颗粒状吸附在碳罐里再被燃烧的工作原理

19

进/排气系统的组成、主要零部件的功用

 提示

本节主要考核的是进/排气系统的组成、主要零部件的功用。由于实际运用中的汽车进/排气系统类型比较多,为了更好地契合考核内容的要求,不再拘泥于陈旧的知识内容,本节加入了目前普遍使用的电控增压发动机进气系统(涡轮增压发动机和可变进气歧管系统),还加入了大众 EA111(1.2TFSI)发动机进气系统和大众 EA888 系列新 2.0 发动机进气系统两部分内容。这样有助于掌握考核的知识点,并适应考核的要求。

 考核要点

本节考核知识点如下。
(1) 发动机进气系统和排气系统的结构和功用。
(2) 电控增压发动机进气系统的主要组成部分。
(3) 电控自然吸气发动机(非涡轮增压发动机)进气系统的主要组成部分。
(4) 发动机进气系统中的空气滤清器、进气管、增压器、谐振腔(部分车没有,可以增大进气效率)、进气歧管总成的功用。
(5) 发动机排气系统的组成,以及排气歧管、三元催化转化器、排气管和消声器的功用。
上述内容可转换的考核题型包含单项选择题、判断题、综述题、填图题。

 知识点

一、发动机进气系统和排气系统概述

进气系统负责为发动机提供新鲜空气或可燃混合气,排气系统则负责排出混合气燃烧

后产生的废气。进气系统和排气系统的结构如图19-1所示。进气系统和排气系统是两个相互关联的系统。一方面,气体先后以新鲜空气(或混合气)和废气形式经过这两个系统。另一方面,某些发动机的进气系统和排气系统间还存在内在联系,如图19-2所示的涡轮增压发动机的进气系统和排气系统。

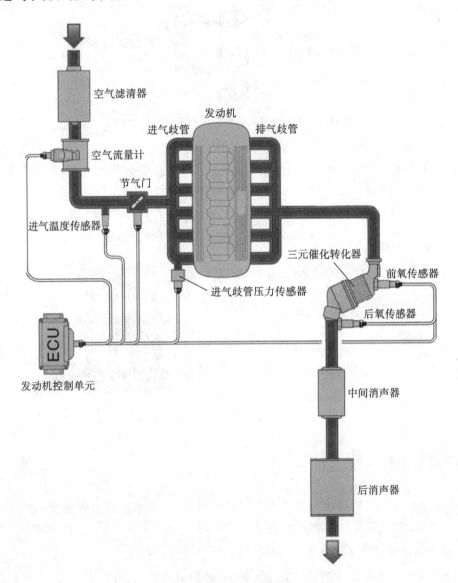

图19-1　发动机进气系统和排气系统的结构

二、发动机进气系统的功能

进气系统的主要功能是,为发动机输送清洁、干燥、充足而稳定的新鲜空气,尽可能多地供入气缸内,并尽可能使各气缸的进气量保持一致,为各缸热功率转换提供物质基础,避免

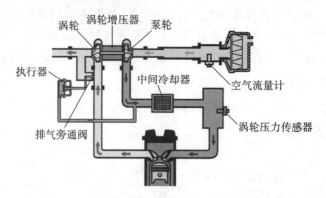

图 19-2 涡轮增压发动机的进气系统和排气系统

空气中的杂质及大颗粒粉尘进入发动机燃烧室造成发动机异常磨损。进气系统的另一个重要功能是降低噪音,进气噪音不仅影响整车通过噪音,而且影响车内噪音,这对乘车舒适性有着很大的影响。发动机进气系统的主要功能如图 19-3 所示。

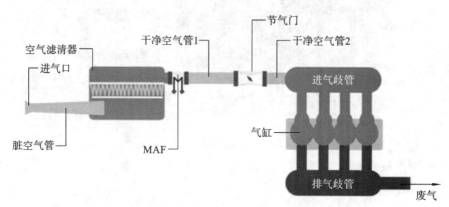

图 19-3 发动机进气系统的主要功能

三、发动机进气系统的种类

汽车发动机进气系统也就是发动机空气供给系统,主要可以分为增压发动机进气系统和自然吸气发动机进气系统两种。

1. 电控增压发动机进气系统的主要组成

电控增压发动机进气系统主要由进气管、未过滤空气管路、进气消声器、空气滤清器滤芯、空气滤清器上盖、热膜式空气流量传感器、曲轴箱通风装置接口、废气涡轮增压器、增压空气管(前)、增压空气冷却器、增压空气管(后)、增压空气压力/温度传感器、进气集气管等组成,如图 19-4 所示。

2. 电控自然吸气发动机(非涡轮增压发动机)进气系统的主要组成

电控自然吸气发动机(非涡轮增压发动机)进气系统主要由空气滤清器上壳体、空气滤清器滤芯、空气滤清器下壳体、进气管、谐振腔(部分车没有,为了增大进气效率)、固定支架、

19 进/排气系统的组成、主要零部件的功用

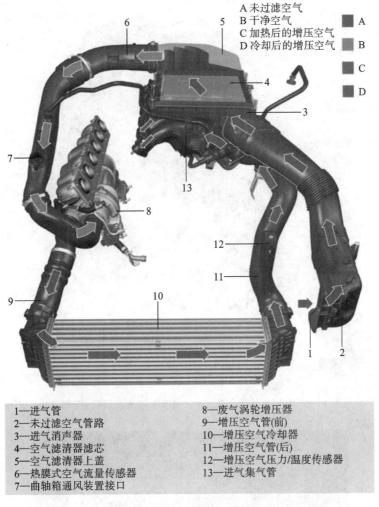

A—未过滤空气
B—干净空气
C—加热后的增压空气
D—冷却后的增压空气

1—进气管
2—未过滤空气管路
3—进气消声器
4—空气滤清器滤芯
5—空气滤清器上盖
6—热膜式空气流量传感器
7—曲轴箱通风装置接口
8—废气涡轮增压器
9—增压空气管(前)
10—增压空气冷却器
11—增压空气管(后)
12—增压空气压力/温度传感器
13—进气集气管

图 19-4 电控增压发动机的进气系统

空气软管、热膜式空气流量传感器等组成,如图 19-5 所示。

四、发动机进气系统主要零部件的功能(机械部分)

下面主要阐述空气滤清器、进气管、增压器、谐振腔(部分车没有,为增大进气效率)、进气歧管总成的功能。

1. 空气滤清器

空气滤清器是发动机进气系统中的前端。空气滤清器的功能是,首先可以清除空气中的灰尘等机械颗粒物,使进气洁净,减少气缸磨损;其次,可以起到消减进气噪声的作用。空气滤清器的安装位置如图 19-6 所示。

空气滤清器位于发动机的进气系统中,一般由外壳、盖、滤芯及密封圈等组成。空气滤清器可以分为滤芯式空气滤清器、惯性式空气滤清器和油浴式空气滤清器等三种。

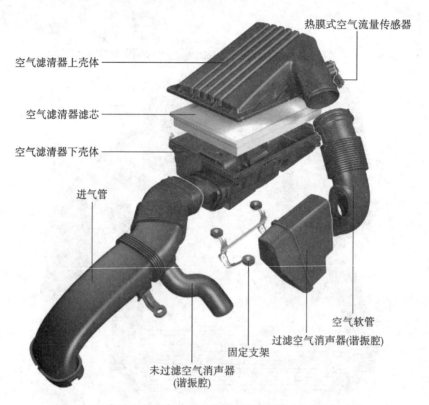

图 19-5　电控自然吸气发动机（非涡轮增压发动机）进气系统

图 19-6　空气滤清器的安装位置

滤芯式空气滤清器是通过一个干式滤芯（如纸滤芯）将空气中的杂质分离出来的滤清器，如图 19-7 所示。轻型车（含轿车、微型车）所用的空气滤清器一般为单级。过滤材料为滤纸或非织造布。滤芯端盖由金属或聚氨酯固定，外壳材料为金属或塑料。在额定空气体积流量下，滤芯的原始滤芯效率应不低于 99.5%。

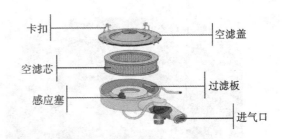

图 19-7　纸滤芯空气滤清器

惯性式空气滤清器和油浴式空气滤清器适用于使用环境恶劣的车辆,并且大多使用多级过滤的方式。

由于杂质的密度较空气的密度大,当杂质随空气旋转或急转弯时,离心惯性力的作用能使杂质从气流中分离出来。惯性式空气滤清器一般应用于部分货车或工程机械上,如图19-8所示。

图 19-8　货车的惯性式空气滤清器

如图 19-9 所示,油浴式空气滤清器是将吸进的含尘空气导入油池而滤除大部分灰尘,带油雾的空气向上流经一个由金属丝绕成的滤芯进一步过滤,油滴和被拦住的灰尘一起返回到油池。

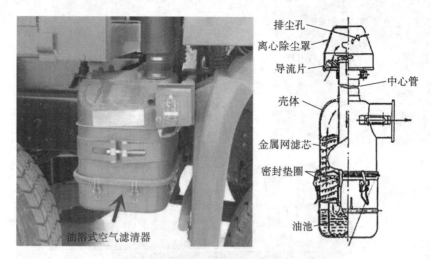

图 19-9　油浴式空气滤清器

2. 进气管

发动机除要求动力性外,还要有好的经济性和排放性。发动机进气系统本身是密封的。内燃机燃烧需要气体,为了达到这种效果,需要导入机器内部的进气管来输送清洁的空气,如图 19-10 所示。

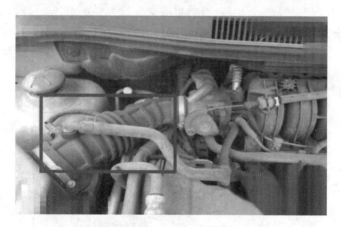

图 19-10　进气管在车上的位置

进气管必须保证足够的流通面积,避免转弯及截面突变,改善管道表面的光洁度等,以减小阻力。在汽油机上,进气管还必须考虑燃烧的雾化、蒸发、分配以及压力波等问题。为此,在高性能的汽油机上采用了直线型进气系统,在直线化的同时,还应合理设计气道节流和进气管长度,布置适当的稳压腔容积等,以达到高转、高功率的目的。在柴油机上,要求气流通过进气道在气缸中形成进气涡流,以改善混合气的形成和燃烧。这些要求往往互相矛盾,如为了获得高速、高功率,进气管直径宜选大些,而为了中、低速经济考虑,进气管宜选小些,因此必须根据用途协调处理。

不同形状、长短、截面积的进气管,代表着这台发动机的设计诉求。从形状上看,进气管可分为垂直进气管(见图19-11)和回旋进气管(见图19-12)。

图 19-11　垂直进气管

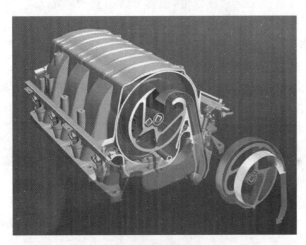

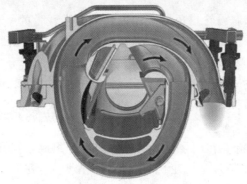

图 19-12　回旋进气管

　　垂直进气管因为进气阻力小,利于在高转形成共振,提高进气效率,同时也便于布置喷油嘴,一般适用于强调高转表现的发动机;而回旋进气管有利于在进气时产生涡流,提高空气和汽油的混合度,利于在低转时提高缸内的燃烧效率,一般适用于强调低转表现的发动机。

当转速提升后,进气的速度和频率越来越快,这种空气流动惯性所产生的涡流却变成一种降低进气效率的罪魁祸首,不便于油气混合物更多、更快地吸入气缸。这很好理解,一个回旋的管路,对空气产生的气阻,肯定要比直通的管路大得多。所以,垂直进气管更加适合发动机的工况需求。

两种形状的进气管,喷油嘴的布置位置也不相同。垂直进气管因为形状简单,占用空间小,进气效率高,更加适合采用缸内直喷技术。这样一来,发动机的动力性和响应性就都能得到提高。但是回旋进气管,必须采用较为复杂的螺旋状,这样比较占空间,所以一般喷油嘴都离进气阀比较远,油气混合物要经过较长的距离才能到达气缸内,这就大大降低了发动机的响应性,并且一部分混合气会附着在进气管内壁,经济性也会受牵连。

在进气歧管的结构参数中,决定波动效应对进气影响的主要结构参数是进气歧管的长度。为确保利用波动效应,应尽量保证足够大的稳压腔容积。进气管主要参数对发动机进气性能的影响归纳为:

(1) 进气管进气口直径决定总进气量,根据节气门直径确定。

(2) 进气歧管直径决定各缸的进气量,根据进气道入口直径确定。

(3) 进气歧管长度影响动态效应。在进气管优化计算中,将其作为目标参数进行优化。

(4) 稳压腔容积影响波动(谐振)效应。合适的稳压腔容积不仅可以利用波动效应提高充气效率,而且可以使稳压腔内的压力环境相对稳定,为动态效应提供良好条件,同时消除各缸进气互不干扰,提高进气均匀性。

(5) 进气口方向影响进气均匀性。通过对各种因素的分析,确定进气管优化计算的优化目标参数为进气歧管长度和稳压腔等效直径。

3. 增压器

涡轮增压(Turbocharger)是一种利用内燃机运转产生的废气驱动空气压缩机(Air-compressor)的技术。

涡轮增压发动机是依靠涡轮增压器来加大发动机进气量的一种发动机,涡轮增压器实际上就是一个空气压缩机。如图19-13所示,它是利用发动机排出的废气作为动力来推动涡轮室内的涡轮(位于排气道内),涡轮又带动同轴的叶轮(位于进气道内),叶轮就压缩由空气滤清器管道送来的新鲜空气,再送入气缸。当发动机转速加快,废气排出速度与涡轮转速也同步加快,空气压缩程度就得以加大,发动机的进气量相应增加,就可以增加发动机的输出功率了。

涡轮增压由发动机排出的废气驱动。涡轮由两部分组成,一是新鲜空气增压端(压缩泵轮)、另一部分为废气驱动端(废气涡轮),两端各有一个叶轮,在同一轴上的两边涡轮之间还有一个限压阀(Wastegate)设在废气涡轮那边,当压缩泵轮压力过大,压力便会推动限压阀将废气涡轮的阀门打开,降低气压,以防止增压过度。

4. 谐振腔(部分车没有,为增大进气效率)

进气谐振增压系统(见图19-14)是利用进气流惯性产生的压力波,提高进气压力,增加

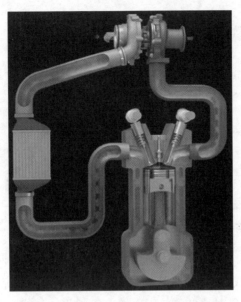

图 19-13 涡轮增压发动机的进/排气道

进气量。增压可以提高发动机的动力性能,降低油耗及排污。谐振腔是为了减小汽车的 NVH(Noise、Vibration、Harshness,噪音、振动与声振粗糙度)而设计的。

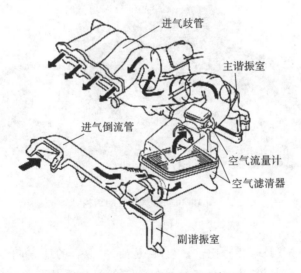

图 19-14 进气谐振增压系统

5. 进气歧管总成

如图 19-15 所示,进气歧管一端与进气门相连,一端与进气总管后的进气谐振腔相连,每个气缸都有一根进气歧管。发动机在运转时,进气门不断地开启和关闭,气门开启时,进气歧管中的空气或混合气以一定的速度通过气门进入气缸,当气门关闭时,空气或混合气受阻就会反弹,周而复始会产生振动频率。

进气歧管是一个由总管和若干歧管构成的整体管件,如图 19-16 所示。通常使用合金铸

图 19-15 进气歧管总成

铁、铝合金或复合塑料制成,使用螺栓固装在气缸盖的侧面。当某气缸的进气门开启时,进气由总管通往该气缸的进气歧管和气缸盖上的进气道进入气缸。进气歧管的功能是将进气均匀地分配到各个气缸。

图 19-16 进气歧管的结构

(1) 可变进气歧管。

在进气系统中,进气歧管相对比较复杂,它是油、气混合的地方,上面会有很多管路与传感器。以自然进气引擎来说,由于进气歧管位于节气门之后,所以当引擎油门开度小时,气缸内无法吸到足量的空气,就会造成歧管真空度高;而当引擎油门开度大时,进气歧管内的真空度就会变小。因此,喷射供油引擎都会在进气歧管上装设一个压力计,由电子控制单元判定引擎负荷,而给予适量的喷油。

进气系统与发动机进行良好的动态匹配,使发动机的扭矩可在较宽广的转速范围内有较大的提升。实际应用中,有按特定转速区域、利用进气时的惯性效应和波动效应设计的具有特定长度的进气管,也有可变长度的进气歧管。

细而长的进气道有利于保障发动机怠速稳定,短而粗的进气道在大负荷高转速时有利于提升发动机的功率。可变进气歧管的结构和工作原理如图19-17所示,进气歧管里有一个转换长短气道的进气控制阀。通过进气控制阀的打开和关闭,可将进气歧管分为两段,从而改变它的有效长度。

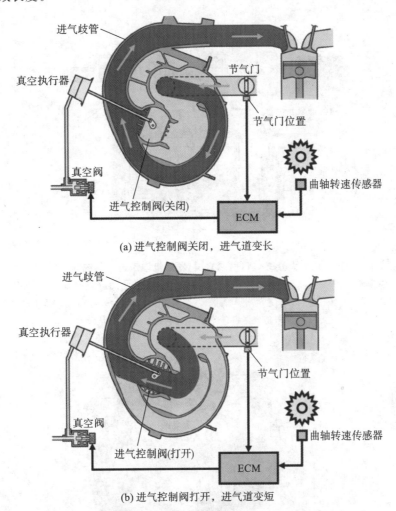

图 19-17　可变进气歧管的结构与工作原理

当进气控制阀关闭时,进气歧管的有效长度增加,使发动机在低转速时提高进气效率,从而增大发动机的输出转矩。当进气控制阀打开时,进气歧管的有效长度缩短,从而减小进气阻力,增大发动机中高速范围内的输出功率。

五、大众 EA111(1.2TFSI)发动机进气系统

1. 大众 EA111(1.2TFSI)发动机增压进气系统

大众 EA111(1.2TFSI)发动机增压进气系统剖视图如图19-18所示,大众 EA111(1.2TFSI)发动机增压进气系统的结构如图19-19所示。增压调节器是废气涡轮增压器的一部

分,它用于调节增压压力。增压调节器的优点在于调节时间快、增压更迅速。废气排泄阀在废气流量高时也能保持关闭状态,以达到额定的增压压力。由于对废气排泄阀的操控不受增压压力的影响,因此可在低转速区开启废气排泄阀;基础增压压力下降,发动机根据增压变化进行微调处理。

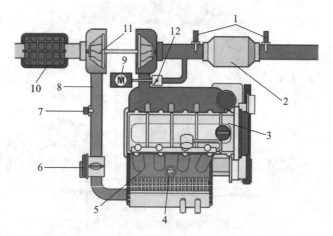

图19-18 大众EA111(1.2TFSI)发动机增压进气系统剖视图

1—氧传感器;2—三元催化转换器;3—气缸盖;4—进气歧管压力/温度传感器;5—进气歧管;
6—节气门;7—增压压力传感器;8—进气增压管路;9—废气涡轮增压器、增压调节器和增压器位置传感器;
10—空气滤清器;11—涡轮增压器;12—废气排泄阀

图19-19 大众EA111(1.2TFSI)发动机增压进气系统的结构

1—废气涡轮增压器;2—进气增压管路;3—增压压力传感器;4—进气歧管

2. 大众EA111(1.2TFSI)发动机增压调节器

大众EA111(1.2TFSI)发动机增压调节器的组成如图19-20所示。

通过增压压力调节确定由废气涡轮增压器压缩并充入气缸的空气流量。为使调节尽可能地精确,安装了两个各带进气温度传感器的压力传感器。大众EA111(1.2TFSI)发动机的

19 进/排气系统的组成、主要零部件的功用 **199**

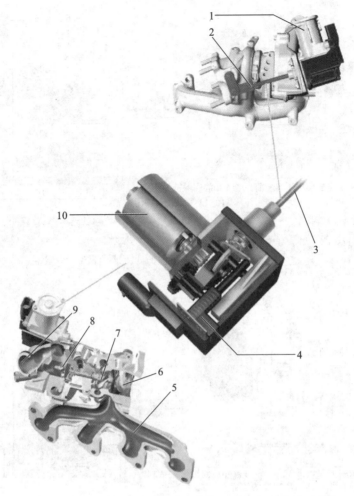

图 19-20 大众 EA111(1.2TFSI)发动机增压调节器的组成

1—增压调节器及调节器位置传感器；2、3—废气排泄阀操纵杆；4—增压调节器位置传感器；
5—排气歧管；6—废气排泄阀；7—涡轮叶轮；8—压气机叶轮；9—进气通道；10—增压调节器

增压过程如图 19-21 所示。

3. 大众 EA111(1.2TFSI)发动机增压调节功能

如图 19-22 所示，发动机控制单元根据以下传感器的信号对增压压力进行计算。

- 带进气温度传感器 2 的增压传感器。
- 带进气温度传感器的进气歧管压力传感器。

发动机控制单元内部的环境压力传感器信号作为修正参数使用。

(1) 带进气温度传感器 2 的增压传感器。

增压传感器的信号用于对增压压力进行调节和监控。当温度过高时，根据进气温度传感器 2 提供的信号向下调节增压压力，以保护部件。

(2) 环境压力传感器。

发动机控制器内的环境压力传感器用于测试环境压力。吸入空气的密度会随着海拔的

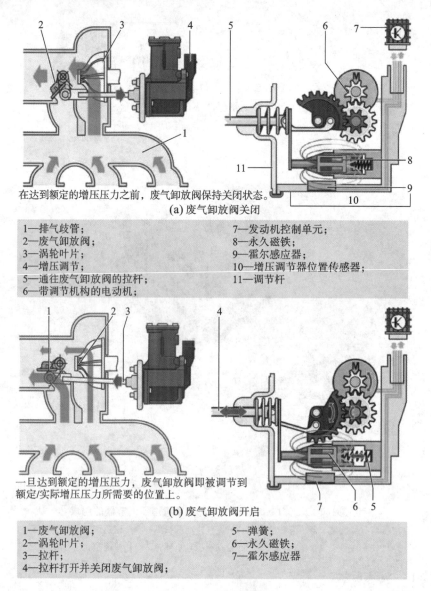

图 19-21 大众 EA111(1.2TFSI)发动机的增压过程

增高而下降,使用该数值作为增压修正值。

(3) 带进气温度传感器的进气歧管压力传感器。

根据进气歧管压力传感器和进气温度传感器提供的信号,发动机会计算增压空气冷却器后面进气管内的空气质量。根据计算出的空气质量,按照特性曲线对增压压力进行调整并将其提升到最高 2.1 bar(绝对值)。

六、大众 EA888 系列新 2.0 发动机进气系统

TSI 发动机采用新开发的带有电子增压压力定位器的涡轮增压器。该涡轮增压器直接

19 进/排气系统的组成、主要零部件的功用 | **201**

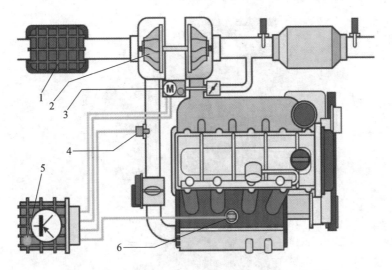

图 19-22 大众 EA111(1.2TFSI)发动机增压压力计算

1—空气滤清器；2—废气涡轮增压器；3—增压调节器及增压调节器位置传感器；
4—带进气温度传感器 2 的增压传感器；5—发动机控制单元内部的环境压力传感器；
6—带进气温度传感器的进气歧管压力传感器

通过螺栓固定集成于气缸盖内的排气歧管上，如图 19-23 所示。

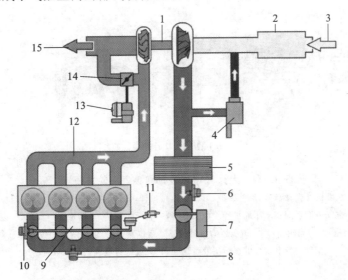

图 19-23 大众 EA888 发动机进气系统

1—涡轮增压器；2—空气滤清器；3—新鲜空气气流；4—涡轮增压器空气再循环阀；5—增压空气冷却器；
6—增压压力传感器；7—节气门模块(包括电子节气门驱动装置、电子节气门驱动装置角度传感器 1/2、
进气歧管翻板电位计、节气门组件)；8—进气歧管传感器(包括增压压力传感器、进气温度传感器、
进气歧管压力传感器)；9—进气歧管翻板；10—进气歧管翻板电位计；11—进气歧管翻板阀；
12—排气歧管；13—增压压力定位器；14—废气旁通阀；15—废气气流

大众 EA888 发动机废气涡轮增压器如图 19-24 所示。

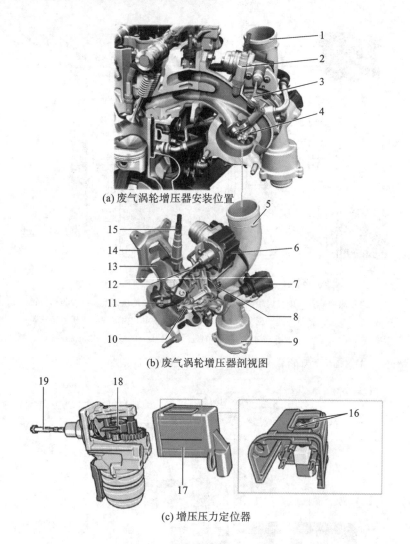

图 19-24 大众 EA888 发动机废气涡轮增压器

1、5—压缩机外壳；2、15—氧传感器；3、12—连接拉杆；4、10—涡轮；6—增压压力定位器；
7—涡轮增压空气再循环阀；8—压缩机叶轮(压缩新鲜空气至气缸)；9—谐振消声器；11—废气旁通阀；
13—废气通道；14—涡轮壳；16—增压压力位置传感器定位器；17—带控制板和位置传感器的壳盖；
18—带电动机的执行器及变速箱；19—废气旁通阀门导向叶片

七、排气系统的组成、主要零部件的功能

汽车排气系统主要包括排气歧管、三元催化转化器、排气管和消声器和排气管吊架，如图 19-25(a)、(b)、(c)所示。一般为控制发动机污染物排放的三元催化转化器也安装在排气系统中。排气管一般包括前排气管和后排气管，消声器包括前消声器、中间消声器和后消声器。

排气系统的主要功能是将气缸体内混合气燃烧产生的废气排出，并尽可能处理掉有害

19 进/排气系统的组成、主要零部件的功用 **203**

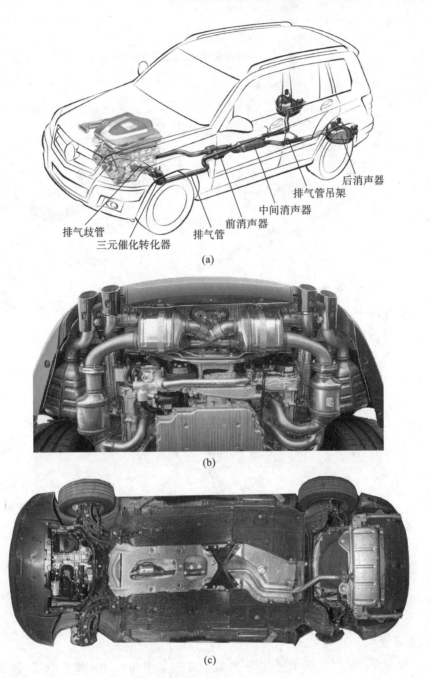

图 19-25 汽车排气系统

排放物,同时降低噪声。废气经三元催化转化器后,大部分有害气体转化为无害气体,然后经过消声器降低噪声,最后排放到大气中。

某车系各类型发动机排气系统如图 19-26 所示。与将三元催化转化器布置在底盘下相比,将三元催化转化器布置在发动机附近可快速使其达到工作温度,从而缩短响应时间。

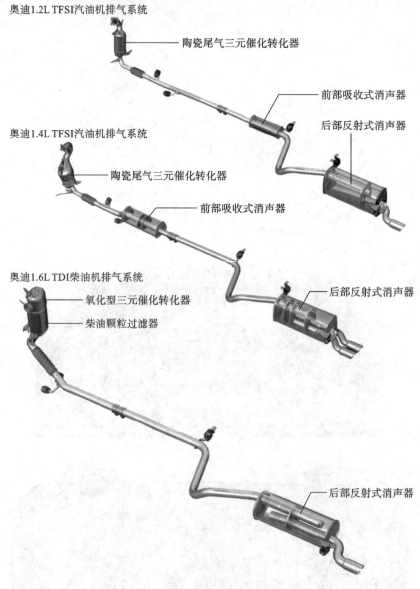

图 19-26　某车系各类型发动机排气系统

1. 排气歧管

排气歧管与发动机气缸盖相连,将各气缸的排气集中起来导入排气总管,如图 19-27 所示。排气歧管主要是尽量减小排气阻力,避免各气缸之间相互干扰。排气过于集中时,各气缸之间会相互干扰,也就是某气缸排气时,正好碰到别的气缸窜来的没有排净的废气,这样就会增加排气的阻力,进而降低发动机的输出功率。解决办法是,使各气缸的排气尽量分开,每缸一个分支,或者两缸一个分支,并使每个分支尽量加长并成型,以减小不同管内气体的影响。

排气歧管应考虑发动机动力性能、发动机燃油经济性能、排放标准、发动机的成本、匹配

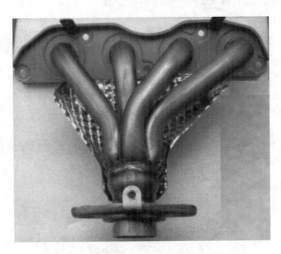

图 19-27 排气歧管

的整车前舱布置及温度场等因素。确保各气缸排气歧管尽可能独立、各气缸排气歧管的长度尽可能长且相等、排气歧管内表面尽可能光滑,防止出现紊乱。

2. 三元催化转化器

三元催化转化器与排气管串联,如图 19-28 所示。三元催化转化器的内部构造如图 19-29 所示,在使用不锈钢制成的密封壳体内安装有很多蜂窝状小孔的陶瓷块,在陶瓷块的小孔表面有一层铂、钯或铑的催化剂镀层。如图 19-30 所示,当排气由三元催化转换器的入口进入,与载体催化剂接触时,载体催化剂促使排气中的 CO、HC 和 NO_x 发生化学反应,变为无害气体,然后经三元催化转换器的出口和排气管排入大气。

图 19-28 三元催化转化器与排气管串联

3. 排气管

排气管连接发动机排气系统中的排气歧管、三元催化转化器、排气消声器等,并将发动机燃烧产生的废气排出。

排气管一般包括前排气管和后排气管。对汽车机身而言,排气管起到减振降噪、延长排气消声系统寿命的作用。

汽车排气管中的排气波纹管又称汽车排气管软管,如图 19-31 所示。排气波纹管安装于发动机排气支管和消声器之间的排气管中,使整个排气系统呈挠性连接,从而起到减振降噪、方便安装和延长排气消声系统寿命的作用。双层波纹管外覆盖钢丝网套、两端直边段外

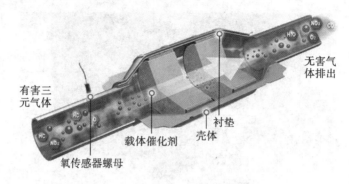

图 19-29　三元催化转化器的内部构造

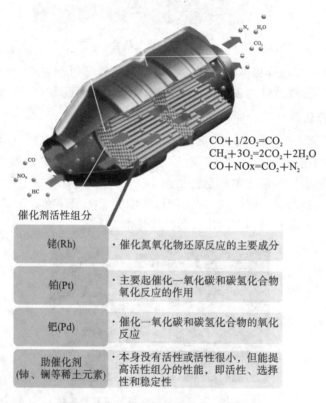

图 19-30　三元催化转化器的工作原理

套卡环。为使消声效果更佳,排气波纹管内部可配伸缩节或网套。

4. 消声器

对于一般的汽车而言,由于汽车的废气离开发动机时的压力很大,产生的噪音可能会让人发狂,这时消声器就可以派上用场。消声器包括前消声器、中间消声器和后消声器。消声器有吸收式、干涉式、扩张式和共振式四种,如图 19-32 所示。消声器的作用是消减排气噪音和消除废气中的火焰与火星。消声器通过逐渐降低排气压力和衰减排气压力脉动波来消耗排气能量。消声器的主要工作原理是,通过多通道使气流分流,这些分流通过相互摩擦使得

图 19-31 排气波纹管

气流的流速逐渐下降,如此反复,最终让废气通过汽车的排气管排放出去,使得噪音降低,从而达到降低噪音的效果。

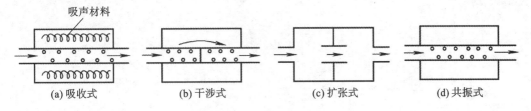

图 19-32 消声器的基本结构